城市文化传播研究丛书

Dusty Dust:

Towns and Villages in the Human Space of Jiangnan

二分尘土:

江南人文空间的城镇与村落

王晓静 著

上海交通大学出版社
SHANGHAI JIAO TONG UNIVERSITY PRESS

内容提要

江南文化历史久远、根系发达，是长江文化的核心板块之一，占据了中国传统文化的半壁江山。本书在严谨的学术研究与翔实的实地调研基础上，一方面，从文学视角勾勒出古代江南城市与乡村概貌，从江南城市发展最重要的交通要道——江南运河对江南城市规划的影响，江南最主要的文学意象——杭州西湖对江南城市精神的浸润，江南最接地气的大众文化——竹枝词对江南乡村生活的描摹，向读者展开一幅百年前的江南城乡画卷；另一方面，结合经验主义的研究方法进行当代江南城乡发展的实证研究，对当代江南地区城市群和乡村建设中普遍存在的问题提出思考。

图书在版编目(CIP)数据

二分尘土：江南人文空间的城镇与村落/ 王晓静著
. —上海：上海交通大学出版社，2019
(城市文化传播丛书)
ISBN 978 - 7 - 313 - 22528 - 3

Ⅰ. ①二… Ⅱ. ①王… Ⅲ. ①区域文化—研究—华东地区 Ⅳ. ①K295

中国版本图书馆 CIP 数据核字(2019)第 295218 号

二分尘土

——江南人文空间的城镇与村落

ERFEN CHENTU——JIANGNAN RENWEN KONGJIAN DE CHENGZHEN YU CUNLUO

著　　者：王晓静
出版发行：上海交通大学出版社　　地　　址：上海市番禺路 951 号
邮政编码：200030　　电　　话：021 - 64071208
印　　制：江苏凤凰数码印务有限公司　　经　　销：全国新华书店
开　　本：710 mm×1000 mm　1/16　　印　　张：12.5
字　　数：188 千字
版　　次：2019 年 12 月第 1 版　　印　　次：2019 年 12 月第 1 次印刷
书　　号：ISBN 978 - 7 - 313 - 22528 - 3
定　　价：68.00 元

前　言

Preface

“故人具鸡黍，邀我至田家。绿树村边合，青山郭外斜。开轩面场圃，把酒话桑麻。待到重阳日，还来就菊花。”孟浩然的这首《过故人庄》写出了一千多年前的“城里人”对于农村生活的艳羡之情。如今，我们用这首诗来表现当下社会中普遍存在的“抹不去的乡愁”“回不去的故乡”等类似情绪仍然十分贴切。

作为传统的农业国家，乡村是中华民族永恒的精神家园。然而近年来，随着城市化进程的推进，出现了把乡村和城市对立起来的认识倾向。

江南是一个地理概念，更是一个文化概念。江南文化作为近期热词，更是被寄予了解决城市病、重构城市与乡村关系、促进区域一体化发展等诸多厚望。从以往的研究中，我们知道，要解决一个眼下的现实问题，主要有两种方法可以借鉴：一是向外求解，即参考西方发达国家如何看待和处理类似问题。如西方城市史家普遍认为，中世纪城市是“完全城市社区”的样板。① “在 12 世纪时，水车的声音在伦敦绿油油的田野中非常动听。在夜间，四野俱寂，万籁无声，只是偶然有动物的骚动声或城镇上守夜人的报时声。在中世纪的城镇里，人们可以整夜熟睡，丝毫没有人们的喧闹声或机器的噪声。”② 在这样的描述中，我们看到中世纪的城市与乡村有着美好的生态关系，营造出和谐一致的美好生活氛围。二是向前求解，即从历史的源流中去翻检过去的经验。在此意义上，我们认为江南之所以能够从一个地名成为一个意象，与其独特的人文空间有密切联系。具体来说，江南的城镇与村落由同一个文化基因裂变而出，千百年来未曾中断。其中，江南运河、上海竹枝词、苏州艺苑、西湖诗词等具体文化元素所凝聚的审美精神仍是今天长三角地区城市精神的母体。

江南运河对于江南各个城市的价值在于它不仅联通了城与城之间的交往，更在于它对于江南城市内部结构的影响，城市的空间规划、经济发展、文化流向、民风演变，无一不受其左右。谁曾想到上海竹枝这一近乎快要绝迹的文学形式，会给我们展现出一幅百年前的沪上风貌全景图，比起史书中的记载更富有生活的气息。苏州艺苑是什么，人人都说苏州美，除了虎丘、山塘、金鸡湖，苏州人的戏剧化的生活仪式才是最核心的内容。“山外青山楼外楼，西湖歌舞几时休”，为什么西湖能够成为杭州的代表意象，这与其“半城半郭”的地理位置有着重要关系，细细检阅，才发现西湖诗词对于什么是城市的精神地标早已给出了完美的范例……

历史从来不吝啬馈赠我们经验，但现实与历史不同。众所周知，当代中国的城市化已经进入以城市群为主体形态的新阶段。江南城市蜕变为长三角城市群，以经济建设为中心让江南从文化圈转变为经济圈，在经历了各自为战、同质竞争、反复磨合等一系列痛苦“发育”后，如今，又重新回到江南文化基因的源代码。大家已经达成一个共识，即以人文城市战略

---

① 杨剑龙. 都市文化［M］. 上海：上海人民出版社，2014：48.

② 芒福德. 城市发展史——起源、演变和前景［M］. 宋俊岭，倪文彦，译. 北京：中国建筑工业出版社，2005：317.

为核心目标的文化型城市群才是长三角城市群的发展方向。

从文化政策的历史演变来看，长三角城市群自改革开放以来，一直在探索如何走上真正实现区域一体化发展的路子。和珠三角城市群不同，长三角的行政区划更复杂，依靠行政手段的合作效果并不尽如人意，因此，江南文化的圈层认知显得尤其重要。上海大都市圈是在人文型城市群建设上最早有所行动的集合体。如何改变上海一城独大的现状，首先要摒弃原来固守的傲慢心态，从文化包容性的角度出发，江南文化将会产生更加有益的作用；好在，长三角还有一个强大的村落文化集群，在远离大都市的郊区、农村，尚有为数不少的传统村落，仍潜流着一条条千百年来不曾中断的文化支流，无论是从村落的物质文化资源、社会文化资源还是审美文化资源来说，江南传统村落都是长三角的都市人乡愁之所在。

自给自足的传统农业生产生活方式，是被诟病为结构封闭、信息贫困的主要原因。诚然，相对于城镇而言，村落很美，但也很不方便。即使在中国经济最发达、长三角的首位城市——上海，其郊区的村落也面临着各种各样的困境，保护与发展的两难选择、经济与文化的利益冲突、新与旧的对立冲撞，给我们提出了一个迫切的现实要求，即找到适合我国国情的大都市传统村落保护模式已迫在眉睫。其实，除了模式的更新，新技术的充分利用更是一场严峻的考验。模式为体，技术为用，道器不分，体用不二，方得始终。如果有更多的人明白了这个道理，也许就不仅仅是无助的传统村落之幸，也是我们日益拥挤、喧哗的城市之幸，同时也就真正找到了城乡一体化发展的可执之牛耳。

值得一提的是，本书取名《二分尘土——江南人文空间的城镇与村落》，其中“二分尘土”取自宋代苏轼的《水龙吟·次韵章质夫杨花词》中“春色三分，二分尘土，一分流水”句，借苏词中对春色的描摹比作当今中国城市建设的万千气象，又转用“二分尘土”来比喻本书所重点探讨的“城镇”与“村落”两个研究对象，希望为拘谨的学术研究增添一份活泼的人文情怀。

目 录

Contents

上篇　古代沪、苏、杭的江南精神

3　**第一章　千里古运河，摇橹荡漕渠**

3　第一节　江南运河之滥觞

6　第二节　江南漕运之发轫

8　第三节　以漕运之名南巡的帝王

10　第四节　江南运河里的漕帮

13　第五节　因漕而兴的江南城市

17　**第二章　上海——竹枝词里的“小苏州”**

17　第一节　以港兴商，以商兴市

25　第二节　丰富多元的生产方式

30　第三节　亦奢亦俭的生活状态

40　第四节　新旧杂糅的民俗风情

48　**第三章　姑苏——江南都市“温柔乡”**

48　第一节　苏州城市格局与江南运河

51 第二节 苏州的城市经济与生活情趣
53 第三节 苏州的城市艺术与戏剧化民俗

56 **第四章 西湖——半城半郭“销金锅”**
56 第一节 长忆钱塘，不是人寰是天上
58 第二节 彩舫笙箫吹落日，画楼灯烛映残霞
62 第三节 钟鼓相闻南北寺，笙歌不断往来船

中篇 当代长三角城市群的江南基因

69 **第五章 长三角城市群文化政策演进摭议**
70 第一节 长三角城市群文化政策研究的历史梳理
73 第二节 长三角城市群文化政策演变进程
75 第三节 文化型城市群——上海大都市圈的文化发展方向

79 **第六章 上海大都市圈人文城市建设研究**
80 第一节 人文城市建设的现状与研究意义
83 第二节 中国人文城市发展指数框架与评估机制
97 第三节 上海大都市圈人文城市发展情况及主要评价
116 第四节 关于促进上海大都市圈人文城市发展的建议

120 **第七章 江南城乡建设的村落文化资源研究**
121 第一节 江南传统村落文化
123 第二节 江南传统村落调研情况
131 第三节 关于开展传统村落保护的对策与建议

下篇 江南村镇的今生与来世

139 **第八章 当代大都市传统村落的现状与保护模式选择——以上海为例**
140 第一节 政策环境与国际背景
143 第二节 上海传统村落保护的现状与问题
161 第三节 上海市的中国传统村落保护模式研究

174 **第九章 我国发达地区智慧村镇建设发展研究报告——以上海市金山区廊下镇为例**
174 第一节 金山区廊下镇规划和建设智慧村镇的背景与条件
176 第二节 廊下镇信息化建设与服务的现状与条件
180 第三节 廊下镇智慧村镇建设中的主要问题
183 第四节 廊下镇规划与建设智慧村镇的对策建议

184 **参考文献**

188 **索引**

190 **后记**

上　篇

古代沪、苏、杭的江南精神

第一章
千里古运河，摇橹荡漕渠

江　　南

汉乐府

江南可采莲，莲叶何田田。
鱼戏莲叶间，鱼戏莲叶东，
鱼戏莲叶西，鱼戏莲叶南，
鱼戏莲叶北。

以水乡之名勾留世人之心，怕是唯有江南有此风情。小桥流水、舟横橹摇、桨声灯影、钓饵纵横是她独有的气息。太湖、蠡湖、金鸡湖、钱塘、西湖、玄武湖；西塘、横塘、南塘；南浦、秋浦、鱼浦……每个地名都是一个诗名，合起来就是一本古诗集，串起来就是一条江南河……

第一节　江南运河之滥觞

公元前 486 年的一个清晨，江南正是暮春三月、草长莺飞的时节。吴国的末代国君——夫差，站在灵岩山的姑苏台上极目吴楚大地，远眺滚滚长江，此时的他正雄心勃勃地勾画着心中的霸业，丝毫没有嗅到穷途末路的味道。

为了北进伐齐，实现称霸中原的梦想，夫差首先要做的一件事就是开掘运河，沟通江淮。在此之前让我们先来俯视一下这座被称为“东方威尼斯”的姑苏城。

姑苏城又名阖闾城，建城于公元前514年，是夫差的父亲阖闾命楚国降将伍子胥所建。方志记载：“大城周回四十二里三十步，小城周十里，城门名皆伍子胥制，每方二门，凡八门：东娄、匠，西阊、胥，南盘、蛇，北齐、平。”（明·杨循吉《吴邑志》）这些城门对苏州的影响比较大，苏州自古水道纵横，环城夹濠，而城内诸河的入城之水从盘门阊门进，分流交贯，以城内四纵为经，五横为纬，演迤东注于娄、葑二门而出。因此，苏州城内发达的水陆并行交通方式早就告诉了夫差，为了运送军队和辎重，疏浚河道、开凿运河，对他的霸业有着至关重要的作用。他像父亲阖闾一样再一次将这项关系国家前途的重要任务交给了首辅大臣伍子胥。伍子胥虽然并不赞成这位年轻气盛的新主人的北伐战略，但他还是从苏州西北部开始向北缀连湖泊洲渚，用一年的时间开凿了一条全长170余里的运河。这条河因流经邗城（今扬州）而得名邗沟。也许是一个黄昏，夫差站在河堤上，意气风发地说道：“运河一旦修成，我吴国的舟师不出七日，即可安抵淮水，则中原各国，指日可待。”借助邗沟之力，夫差的确如愿击败了齐国。从扬州直通淮安的邗沟，就是江南运河最早的一段河道。

到了战国，秦始皇开凿陵水道。据《越绝书·吴地传》称：“秦始皇造道陵南，可通陵道，到由拳塞，同起马塘，湛以为陂，治陵水道到钱塘，越地，通浙江。秦始皇发会稽适戍卒，治通陵高以南陵道，县相属。”“陵水道”是开河筑堤形成的水陆并行的通道。据推测，该水道就是现途经嘉兴落帆亭附近由拳壁塞的长水塘，至今仍是海宁进入杭申线的主航道。正是该“陵水道”的开凿，使嘉兴由春秋时“槜李”改名为“由拳县”。虽然，也有史书记载：“初，秦以其地有王气，始皇遣赭衣徒三千人凿破长陇。”（唐·李吉甫《元和郡县志》卷廿六）即秦始皇发配罪徒3 000人在丹徒、曲阳一带“凿破长陇”“截其直道”，企图凿坏地脉来压制东南王气，[①] 结果把春秋时期的江南运河加以拓展、延长。但主要目的还是为

① 张承宗，李家钊. 秦始皇东巡会稽与江南运河的开凿［J］. 浙江学刊，1999（6）：145-148,154.

了加强对吴中地区的控制。在那之后，江南运河就以苏州为中心，北通丹阳，南达嘉兴，初步形成了江南运河网络，不仅促进了太湖平原的水上交通，也加强了江南和中原的交通经济联系。

有汉一朝，江南运河继续枝丫八叉。西汉早期吴王刘濞曾开茱萸沟运河自广陵（今扬州）至海陵（今姜堰市），即今通扬运河的前身。之后的汉武帝时期，从吴江开凿了接通嘉兴至苏州的运道。又相传东汉初马援南征曾重修灵渠。东汉安帝时武都太守虞诩开嘉陵江上游沮县（今略阳东）至下辨（今成县）运道。到了汉末天下三分，孙权为了在三国鼎立中雄踞一方，极为重视利用东吴泽国水乡的优势，除了开辟长江航运外，还下令开凿了不少人工运河。比如，在京师建业（今南京）境内就先后开凿了青溪、潮沟、运渎、城业渠等数条人工运河，这些运河与秦淮河、长江相通，组成了密布的水运网，促进了当地经济的发展，使当时的南京呈现“商旅方舟万计”的繁荣景象。其中，校尉陈勋主持开凿的破岗渎，起自秦淮河上游的句容县，到江苏丹阳县后与通往太湖的河道汇合，全长50余华里，沟通了长江与钱塘江两大水系，使之前的一系列运河段得以续接，勾画出了江南运河的早期蓝图。

400多年的斗转星移在运河水中悠悠淌过，时间来到了公元604年。这一年，被野史诟为杀父弑兄、穷奢极欲的隋炀帝杨广，登上了帝位，开启了他短暂的政治生涯，也奏响了江南运河壮阔逶迤的生命之歌。这位新皇在登基的第二年即下令把都城从长安迁到了洛阳，并着手修建运河。隋炀帝先后开凿、修复了通济渠、永济渠、邗沟、江南河四条运河，形成了一个以洛阳为中心，西通关中盆地，北抵河北大地，南达太湖流域，流经现今的京、津、陕、豫、冀、鲁、皖、苏、浙9省市的庞大运河体系，即南北大运河，因后世将它主要用于运送漕粮而被称为“漕河”。南北大运河全长2 700多千米，网络布局合理，腹地宽阔，渠道深广，是世界水利史上一项空前伟大的工程。在这条黄金水道上，江南运河是其中的精华。

大业六年（公元610年）隋炀帝下旨疏凿和拓宽长江以南的运河古道，连接京口（今镇江）和余杭（今杭州）。《资治通鉴・隋纪五》记载：“大业六年冬十二月，敕穿江南河，自京口至余杭，八百余里，广十余丈，使可通龙舟，并置驿宫、草顿，欲东巡会稽。”这就是我们现在通常所说的

“江南运河”，全长800余里，河宽10多丈，其主干道古今变化不大。1984年7月，唐宋运河考察队对大运河南段进行了实地考察，勾勒出江南河的路线：北渠首京口隔江与江都（扬州）的瓜州渡口相望，向东南经曲阿（今天的丹阳）、陵口、吕城、奔牛、毗陵（今常州）、漆墅堰、无锡、望亭、浒墅关、苏州、吴江、平望、嘉兴，东绕太湖而向西南，再经石门、崇德、塘栖、拱宸桥至杭州西南的大通桥附近入钱塘江。① 这条河道千百年来一直“活着”，时至今日，不仅丝毫没有消退其航运功能，更成为后世继承与发扬江南文化的一条独特途径。

第二节　江南漕运之发轫

与夫差当年为运输军队、攻城略地，秦始皇为阻断王气，彰显皇威的军事、政治目的大相径庭的是，真正成型后的江南运河更重要的用途在于为朝廷运输贡赋。一般意义上，我们将这一功能称为漕运。

《辞海》对此的解释非常简单：“漕运者，水道运粮也。”但是，专家们对此却展开了争鸣。漕运的含义，吴琦先生曾经指出：第一，漕运不是一般意义上的“水转谷”或“水转运”，而是特指朝廷的水上转运，即“官家水道之运输”；第二，漕运是朝廷通过行政手段自上而下的粮物征调，而非各地自下而上的粮物朝贡，这与先秦时期有着明显的区别；第三，漕运是统一封建王朝的粮物运输，只有高度集权的政治制度方可确保这种大规模的、有组织的常年物质运输，也只有庞大的封建中央政权才需要这种大量的、源源不断的粮食供应。②

李治亭的《中国漕运史》把漕运定义为“漕运是中国古代的水上运输，它由国家经营，处于中央政权的直接控制之下，通过漕运，把征收的税粮及上供物资，或输往京师，或实储，或运抵边疆军镇，以足需要，并

① 张晓东. 隋朝的漕运系统与政治经济地理格局［J］. 中国社会经济史研究，2012（03）：4-12.

② 吴琦. “漕运”辨义［J］. 中国农史，1996，15（4）：65-66.

藉此维护对全国的统治”。[1] 这个定义包括四层内涵：一是漕运的性质是水运运输活动；二是漕运是由国家组织的活动；三是漕运内容是税粮，包括其他上供物资；四是漕运的目的包括向京师和边疆军镇供应以及建立储备。

事实上，漕运不仅是一项重要的经济制度，更是一个王朝兴衰的命脉。广义来说，它是指利用水道（河运、水陆递运和海运）调运粮食的一种专业运输，中国历代封建王朝将征自田赋的部分粮食经水路解往京师或其他指定地点。运送粮食的目的是供宫廷消费、百官俸禄、军饷支付和民食调剂等。狭义的漕运仅指通过运河转运漕粮的河运而言。漕运在我国历史上形成过一套较完整的制度，并有相应的一套管理系统。漕运用的船，叫作漕船。漕船载运的粮、米，叫作漕粮、漕米。储存漕粮的仓库叫作漕仓，太仓即由此得名。驾驶漕船的军队和民工，叫作漕军、漕丁和漕夫。

江南漕运起源很早，前面提到的破冈渎就是孙权为方便粮食运输而下令开凿的著名河段。当时，太湖流域是东吴的主要粮食产区，所产粮食每年要有一大批调运到南京。从太湖水系来的运粮船虽有运河可通镇江，但是水道狭窄，不能通行大船，只能使用小船，而小船进入长江下游航行又难抗风浪。因此，太湖流域的粮食用小船运到镇江后，需要换装大船才能通过长江运到南京，费时费力，很不方便。破岗渎开通后，沟通了秦淮河—太湖水系、钱塘江水系，成为江南内河的主要入江通道之一。在六朝 300 年间，破岗渎一直担负着通往南京都城的主要通航重任。

承接两汉漕运的余绪，隋王朝以前所未有的行政能力强化运河的漕运功能。隋炀帝重修江南河，是因为原运河水道浅窄，不能行大船，为了出巡会稽、运兵运粮，故在原有水道的基础上进行取直，加深加阔。当时他下令要求将大运河全程拓宽直至可以通行龙船，特别是江南运河段，更是要求两岸筑御道、栽柳树，建离宫、修粮仓。由于工程时间紧、任务大，隋炀帝遂“发天下男丁，年十五岁以上、五十岁以下者”都去修河。许多老百姓为逃避沉重的劳役、兵役，不惜自残肢体，称为“福手福足”。

唐宋以后，随着经济重心的不断南移，江南漕运愈发显得重要。事实

---

[1] 李治亭. 中国漕运史［M］. 台北：文津出版社：1.

上，唐代立国之初并非太过仰仗江南的粮食供给，因此对于江南漕运并没有足够的重视。但是安史之乱后，随着江南经济的发展，粮食产量的增多，再加上“关中其土地狭，所出不足以给京师”[①]，长安经常闹饥荒，皇帝也多次就食洛阳，发展江南漕运的问题也就摆在了唐朝统治者的面前。王夫之《读通鉴论》中的评论“唐立国于西北，而植根本于东南”[②] 是相当中肯的。正是因为东南地区的物质保证，所以唐代即使历经那么多的叛乱，仍然维持了许多年。

明清两代，漕运制度提升了京杭大运河的交通枢纽地位。康熙亲政之初，便“以三藩及河务、漕运为三大事，书宫中柱上”[③]，定为国家的重大任务。从时间上看，三藩之乱发生于康熙十二年（公元 1673 年），平定于康熙二十年，前后仅用 8 年的时间。与之相比，治理河务和整顿漕运却贯穿清王朝兴亡的始终。康乾两代帝王对江南漕运的重视也是前所未有的，这在他们的数次南巡中便可窥得一二。

第三节 以漕运之名南巡的帝王

乾隆在位 60 年，前后六次下江南，是中国历史上最爱南巡的帝王之一。

他的南巡多次携母亲及众多后宫嫔妃同行，因此，正史野史、坊间传说数不胜数。江南名城众多，风景秀丽者不计其数，清人刘大观曾比较评论京杭大运河南端三座名城的风貌时说：“杭州以湖山胜，苏州以市肆胜，扬州以园亭胜，三者鼎峙，不可轩轾。”（清·李斗《扬州画舫录》卷六）这三座城也是乾隆每次南巡百去不厌之处。

南巡的帝王，一般更喜欢走水路，乾隆 6 次南巡，一般在正月中下旬出发，从陆路经直隶（河北）、山东，在江苏清口（在今宿迁境内，黄河、淮河、运河的交汇处）改走水路，沿江南运河而下，在扬州过江，到达

---

① 欧阳修. 新唐书［M］. 北京：中华书局，1975：1365.

② 王夫之. 读通鉴论［M］. 北京：中华书局，1975：952.

③ 赵尔巽. 清史稿（第三十四册）［M］. 北京：中华书局，1977：10122.

苏、杭等地，同年 4 月底 5 月初同路返。因此南北大运河的江南段是乾隆每次江南行必经之路。

《南巡盛典》记载：乾隆喜欢在船头露坐，他自言：“夹岸老幼趋随欢呼瞻仰，每入舫室，民若失望，怜其诚，冒凉有所弗避也。”经过郡县城郭时，拾舟登岸，策马而行，“既览闾阎景象，兼便民瞻就”，“每顾而乐之”。遥想一下：阳春三月，莺啼燕飞，运河上微波凌凌，龙船巍峨，两岸妇媪珠翠满头，谦卑又兴奋地跪伏瞻仰圣上龙颜，人面桃花、粉香脂浓，此情此景，哪个君王不愿消受？故而于应回避时，只退男子不禁妇女的“上谕”，被史家毫不客气地记成了“盖以扬州妇女素有艳名，心时慕之，欲藉是一餐秀色云尔”。（萧一山《清代通史》卷中）乾隆的许多风流故事就这样开始了序幕。《南巡秘纪》里记载了一个小故事：乾隆第三次南巡时“临幸”瘦西湖。望着一湖碧波，乾隆指着一处美景自言自语道：这里很像京城的“琼岛春阴”（即北海），美中不足的是少了一座喇嘛塔！就这一句“美中不足”，让在一旁陪伴乾隆游玩的扬州盐业八大总商之一江春找到了媚上的良机。传说他派人一夜间用家中盐包垒起了一座塔，次日清晨，乾隆再幸湖上，“一展望间，则巍然翼然者，早映于眼帘，而旭日鲜明，正激射其金轮之顶，一若知有帝王之赏鉴，而故炫其金碧辉煌之特色者”。① 乾隆心中大喜：“有此一塔……湖光生色!”此事或是杜撰，但其喻示着乾隆对江南之喜爱已经远远超出了普通游人的程度。

在乾隆之前，另一位虽“以图大业”却屡屡被后世诟病的南巡帝王当属隋炀帝。

隋开皇十八年（公元 598 年），高丽王率众骚扰辽西地区。隋文帝大怒，派元帅汉王杨谅“总水陆讨之”，水陆大军计达 30 万。部队出发后，快速行军，直扑高丽。由于路程遥远、出征部队人数众多，军需量特别大，但后方粮运跟不上，各支部队缺粮严重，饥肠辘辘的隋兵士气低落。此次战役最后虽然在名义上胜利了，却也直接激发了隋朝对于漕运的重视。因此，虽然后世对杨广开凿大运河的原因猜测种种，但恐怕既不是为去扬州看琼花，也不是为了“泄地气”，而是为了方便鱼米之乡江南地区

① 许国英. 指严随笔［M］. 北京：中共中央党校出版社，1998：34.

大量物资的北上，以供应京都所需。河成之后，江南地区运往洛阳的大米、珍货源源不断，就是一个证明。

但是不管怎样，炀帝下江南的故事却被绘声绘色地演绎成了这个样子。有野史记录，隋炀帝曾得到一幅《广陵图》，目不转睛地看了半天。萧后问他："知它是甚图画，何消皇帝如此挂意？"杨广回答说："朕不爱此画，只为思旧游之处。"广陵就是杨广待了十年的扬州。萧后听炀帝讲了江南风物后，说了一句："帝意在广陵，何如一幸？"这正中炀帝下怀。《隋书》记载隋炀帝"遣黄门侍郎王弘、上仪同于士澄往江南采木，造龙舟、凤艒、黄龙、赤舰、楼船等数万艘"①（《资治通鉴》中参考《大业杂记》将船的数据改为数千），其游江南的排场可谓居历代帝王之首。而通济渠刚一完工，他就急不可耐地一下江南了。因为隋炀帝在下江南前，给恋恋不舍的宫娥留了一首小诗："我梦江南好，征辽亦偶然。但存颜色在，离别只今年。"就给他安上了"好色"之名，甚至有传言称，江南运河的开凿是为了方便隋炀帝搜罗江南美女。有诗为证："乘兴南游不戒严，九重谁省谏书函。春风举国裁宫锦，半作障泥半作帆。"（唐・李商隐《隋宫》）

第四节　江南运河里的漕帮

《三国志・吴主权传》注引《吴书》说："谷帛如山，稻田沃野，民无饥岁，所谓金城汤池，强富之国。"又《陈书・宣帝纪》载，陈朝的江南已是"良畴美柘，畦畎相望，连宇高甍，阡陌如绣"。因此，自古以来，江南就是漕粮的主要供应地区，该地区的漕运直接关系到国家的生死存亡。因此，谁握住了江南运河的水上大权，谁就有资格与朝廷一争高下。为此，许多朝代都设有专管漕运的官员，如：唐朝设置了转运使，宋朝设置了发运使，元朝设了都漕司二使，明清两代都设了漕运总督。

即便如此，由于漕运带来的强大经济驱动，唐朝安史之乱后，藩镇林

① 魏征，等. 隋书：第一册，卷一至卷十二［M］. 北京：中华书局，1973：63-64.

立，各地节度使“既有其土地，又有其人民，又有其甲兵，又有其财赋”[①]，割据一方，拥兵自重，互相之间战争不断，并对江南漕运产生了很大的影响。一些节度使不但阻断漕路，甚至借口衣食不足，抢夺漕运物资以供军用。

张弓先生认为，唐代江南漕运线路有主线和辅线之分。主线比较著名，为河汴转运线；辅线乃江汉转运线，并且江汉线又可分为襄—洋支线和襄—商支线两条。在安史乱前，江南漕运基本上都是走河汴线的，而在叛军混战时期，由于河汴线时常被阻断，江南漕运则以江汉线为主，以确保京师的粮食供应。[②] 相比较而言，河汴线无论是路程远近、耗时长短还是水文情况，均是江汉线所不能比的。而江汉线则要把集中在扬州的江南物资先从长江逆流而上到达鄂州，难度无疑大了许多。因此，江南漕运走江汉线只是权宜之计，而非长久之策。而对于地方节度使而言，控制了河汴线这条江南漕路，也就是控制了唐朝中央的经济命脉。[③] 史料记载，唐廷向以江淮漕粮为重，组织数千漕船，年运百余万石江淮漕粮北上。唐德宗时，节度使李希烈僭越称“楚帝”，割据东南，导致漕运一度中断。没有了运河疏通的京畿地区顿时陷入恐慌之中，即便是宫中也只能勉强度日。直至李希烈被部将杀掉，漕运才重新开启。唐朝皇帝在得到消息后高兴地说：“米已至陕，吾父子得生矣。”可见，当时江南漕运的作用对国家生死存亡具有重要意义。[④]

明清两代也是依靠运河南粮北调，供应京师和边防，维持漕运近 600 年。运河一开，往来的船家们渐渐组织在一起，由漕运水手组成的帮派就成了运河上最具传奇色彩的一个群体。可以说，漕帮因漕运而来。有学者研究称：从明至清的漕运水手组织经历了水手罗教—水手行帮—早期青帮的演变轨迹。漕运水手行帮会社的形成标志着漕运水手组织在性质上的根本变化。乾隆三十三年对水手罗教案的严厉惩治迫使水手罗教的活动由庵堂转移到老船堂，由公开转为秘密，并逐渐形起了一套权力体系，最终促

---

① 欧阳修. 新唐书［M］. 北京：中华书局，1975：1328.
② 张弓. 唐朝仓廪制度初探［M］. 中华书局，1986：34.
③ 杨兴. 唐代中后期江南漕运与藩镇研究［J］. 凯里学院学报，2011（4）：56－59.
④ 朱巍. 古代运河折射国运兴衰［J］. 农村农业农民，2016（6）：53－55.

使具有宗教互助性质的水手罗教转变为具有民间秘密组织性质的行帮会社。①

事实上，最初的漕帮是合法组织。据帮内文献记述：雍正帝通令各省，挂榜招贤办理漕运。翁钱潘三位祖师，得到这个消息，心中大喜，便到抚署揭了黄榜。那时河南抚台名田文镜。三位祖师见了田巡抚，说了来历，便条陈整顿漕运办法。田巡抚大喜，当与漕督同本上奏。雍正帝当旨谕，饬三位祖师归漕河总督张大有节制，并听命于勘视河工钦差何国宗指挥。三位祖师便辞别田巡抚，来到清江浦，请见张漕台及何钦差。何张二人，即命三位监造粮船，并督理浚河修堤工程。三位祖师，复请张何两人转奏，请恩准许开帮收徒，以便统一粮务。清廷批准所请。

还有研究表示，近代秘密社会如青帮、洪帮的兴起与漕帮的兴衰有直接的关系。②

到了清末，随着海运的兴起，江南漕运的分量下降。漕运在光绪二十七年（公元1901年）完全停止，漕帮被迫上岸，向上海和运河沿线及其他地区发展。凭借其严密的组织性和江湖义气，成为运河沿岸地区的准军事化的黑社会组织。漕帮入民国后，正式改称清帮（青帮）。“青帮者，其徒本皆以运漕为业，岁居粮船，船北上时夹带南货，南下时夹带北货，所谓粮船帮者是也。既改海运，艰于衣食，乃秘密结会，以贩私盐为业，亦有专以赌博及诈欺取财度日者。江浙为多，淮、徐、海尤盛，皖北亦有之。”③

运河沿线城乡是青帮居留和活动的集中地区。进入民国后，由于商品经济的进一步发展，城市生活的不断变化，那些离开漕运而缺乏现代生产技能和文化知识的青帮成员，为了谋生和发财，便利用青帮组织上的严密性和重义气的帮风，从事贩卖毒品、人口等非法冒险勾当，并与各地流氓合伙开设赌场、妓院及公共娱乐场所，划地称霸，欺压百姓，成为社会上一股恶势力。张啸林、黄金荣、杜月笙等，就是在上海和江南运河沿线从

---

① 吴琦．清代漕运水手行帮会社的形成：从庵堂到老船堂［J］．江汉论坛，2002（12）：59－63．

② 张强．运河学研究的范围与对象［J］．江苏社会科学，2010（5）：228－234．

③ 徐珂．清稗类钞：第8册“会党类”［M］．北京：中华书局，1986：3659．

事这些罪恶活动的青帮“大亨”。[①]

江南漕运对沿运地区的影响，还表现在沿运近河地区民众的气质风貌上。如明代人在修纂苏州方志时说：苏州人总的来说“尚文”，但细分起来，城西“过华”，城东“近质”；城郊山区“多俭，或失之固”，而靠河居民则“多智，或失之讦”。从明人的评论中可以看出，在紧挨运河的苏州西部城区，街市繁荣，民风浮华；而城东相对冷清，民风近于质朴；在远离运河的郊区，居民则崇尚节俭，甚或失之固执，而沿河百姓则机智，却不免失之于奸猾。这一点也印证了上文提到的青帮盛行于上海和江南运河沿线的说法。

第五节　因漕而兴的江南城市

中国的经济重心自隋朝以后逐渐南移，江南地区，特别是长江三角洲和太湖流域成为财赋中心。运河将这些富庶地区与中原连成一片，把江南物资源源不断运往关中、关东地区，成为维系封建王朝的生命线。事实上，江南运河往往穿城或沿城而过，给沿途城市发展以巨大推动力，为城市带来了文明与繁荣。

本来，城市选址与运河没有关系，但随着漕运在维护国家政治与安全中的地位日益突出，运河给城市选址和建设注入了新的内容。城市选址及建设发生重大变化的时间是在隋炀帝兴修以洛阳为中心的运河之后。此前，运河虽与城市发生联系，但开挖运河的主要目的是为了解决军事运输、农田灌溉和防洪防涝等问题，因此并没有改变城市依天然河流或湖泊而建的格局。江南运河经过疏浚、拓宽以后，更加比陆路交通方便、快捷，江南运河边许多城市靠河而强、因漕而兴，在一定程度上改变了城市的结构，如清黄雨亭《山阳竹枝词》云：“关楼百尺倚淮楼，小吏凭栏气象遒。过午贾船齐放渡，笙歌如沸占扬州。”记录的是淮安的繁荣，甚至

---

① 杨百会. 走进台儿庄：改变历史的漕帮［EB/OL］.［2020 - 04 - 15］. https：//www.sohu.com/a/388238667_351293.

超过了扬州。元代开始，漕运使淮安城的格局发生了较大的变化。原有的旧城荒芜了，运河经过的北辰坊一地却形成了工商业者聚集、聚落不断繁盛的景象，为另筑新城提供了条件。天启六年《淮安府志》记载："新城，去旧城一里许，山阳北辰也。元末张士诚伪将史文炳守此时，筑城临淮。"明初的淮城"北枕黄河，西凭湖水，运河自南而东而西，引于新旧二城之间"。(《重修山阳县志》卷二）后由于黄河北徙，运河改道城西，明天启《淮安府志》："嘉靖三十九年（1560 年）……漕运都御史章焕奏准建造"联城，"联贯新旧二城"，俗称夹城。说的就是运河对淮安城市格局的影响。同时江南的漕运也改变了古代江南的经济格局。江南漕运发达时期，江南运河通过沟通不同的水系建立起了新的交通网络，使沿岸城市形成一个又一个商品或货物集散地（即水陆交通枢纽)。这些集散地形成后，为运河沿岸城市的迅速崛起奠定了坚实的基础，甚至冲击了一些城市原有的交通枢纽地位。[①] 其中，尤以扬州最为典型。

"故人西辞黄鹤楼，烟花三月下扬州。孤帆远影碧空尽，惟见长江天际流。"唐代大诗人李白的千古名作《黄鹤楼送孟浩然之广陵》传颂千古，脍炙人口。而隋炀帝"水殿龙舟"三下江都的奢华场面更让人对扬州这个小城充满了遐想。

事实上，扬州与运河同龄，它是江南运河的起点，也是长江航道与大运河的交叉点，是南来北往、西去东归的水陆交通总枢纽。来往各地的千帆百舸，都要在扬子古津停泊休憩。明人邱琼山吟唱道："扬州千载繁华景，移在西湖嘴上头。"这里所说的"西湖嘴"是指扬州城河下湖嘴大街与江南运河衔接处的码头。优越的地势，使扬州在唐代成为繁荣富庶、人物荟萃的著名城市。唐代诗人张祜在《纵游淮南》诗中写道："十里长街市井连，月明桥上看神仙。人生只合扬州死，禅智山光好墓田。"多少达官贵人、文人学士、富商大贾留恋与向往扬州胜地，故谚称"扬一益二"。扬州在唐朝当之无愧地获得了天下第一城市的盛名。历史记载，唐代时，江南大量漕粮，集中在扬州装船编队，运往京城，每年转运江淮漕粮达 250 万石，占全国稻米赋税之半。宋太平兴国三年（公元 978 年)，经运

① 张强．运河学研究的范围与对象［J］．江苏社会科学，2010（5)：228－234．

河运达京师的漕粮多达 400 万石，约占漕粮总量的 3/4，最高时竟达 700 万石。民谚说：“三个月不运粮，京城人讨饭吃”，可见扬州漕运之举足轻重。

富甲天下的扬州，当年不只是漕粮的转运站，也是中外物资的集散地。《旧唐书》里记载：唐都长安城广运潭内，聚集数十郡的二三百艘货船。其中广陵郡的最为突出，上面堆集广陵所出锦、镜、铜器、海味等贡品。北宋时期的花石纲运输，将数量庞大的奇石经运河运到宋都汴梁（今开封）。现在扬州瘦西湖小金山大院内的一块钟乳石，相传便是花石纲遗物。明清两代营建北京紫禁城与帝王陵墓的木材，也是经扬州运往京城的。清代扬州的手工业相当发达，每年进贡的漆器、玉器、铜镜、织锦、香料及胭脂花粉，数以万千计。现存故宫珍宝馆的大禹治水图玉山，原料重 5 吨多，出自新疆密勒塔山，乾隆年间运至扬州，匠人们耗时 6 年雕成，经运河运往北京宫廷。

也许，对北方来说，漕运是抽取各地精华输送到京城的“输血管道”，或者是争土夺疆时运兵运粮的高速公路。但是对扬州而言，它更是一种走向世界的独特方式。

诗云：“商胡离别下扬州，忆上西陵故驿楼。”唐时往来于扬州的商胡很多，扬州出土文物中就有胡人形象的“胡俑”。当时所说的胡人，主要是指来自波斯和大食的商人。波斯和大食在今天的伊朗和阿拉伯一带。《旧唐书·田神功传》说：“神功至扬州，大掠居民资产，鞭笞发掘略尽，商胡大食波斯等商旅，死者数千人。”可见胡人在扬州人数之多。连《太平广记》都载有这样的故事：司徒李勉经运河来扬州游历。有一位生了重病的波斯老人请求与他同行，李同意其搭船并热心照料，胡人十分感动。船行到半路，胡人自知支撑不住，便对李勉说，他找到了他们国家遗失多年的传国宝珠，回国献给朝廷后就可以世代享受荣华富贵。其价值上百万，他怕放在身上不安全，便剖肉藏在大腿里，不料途中生病，就要离开人世。他说，我病中得到你的关怀，愿以此珠相赠。随即抽刀割开大腿，取出宝珠赠给李勉，当即死去。李勉并没有接受馈赠，他为老者买了衣服，将宝珠放在其口中，将他埋葬。到扬州后，李勉碰见一位年轻胡人，很像那位老者，一问果然是他的儿子，便告之以原委。年轻胡人前往父亲墓地，取得宝珠回国去了。许多波斯人在扬州定居，如今江都大桥镇还有个“波斯庄”，相传就是当时波斯人和他们的后裔居住的地方。

江南运河就像是一条银色的珍珠项链，漕运的长期存在，造就了江南举世罕见的都城繁荣，形成了工商业城市密布运河的格局。这些运河城市因漕运的贯通而崛起、繁荣，对商品经济的发展具有积极作用。但是，由于漕运年复一年地北上南下，造成了这些城市对漕运的过于依赖，也就是说这些城市的繁荣完全建立在漕运运行的基础之上，多属于转口型贸易的城市，各地货物的频繁流通刺激了商业的繁荣，这些城市普遍没有坚实的生产力发展基础，所以，也不可避免地因漕运的变化而起伏，因漕运的消亡而衰落。① 这些因漕而兴的城市，在漕运制度废除后，城市地位也一落千丈。道光五年（公元 1825 年）清政府于上海设海运总局，天津设收兑局，以琦善等总办首次海运。1855 年黄河改道后，运河山东段逐渐淤废。从此漕运主要改经海路。1872 年，轮船招商局在上海成立，正式用轮船承运漕粮。1904 年撤废漕运总督，预示征漕办漕走向没落，历时 2 000 余年的江南漕运终于画上了句号，留给人们的是无尽的回忆与追思。也许，对于古代江南漕运的神思，唯有白居易的《长相思》才能表达：“汴水流，泗水流，流到瓜洲古渡头。吴山点点愁。思悠悠，恨悠悠，恨到归时方始休。月明人倚楼。”

---

① 吴琦. 漕运与中国封建社会的长期延续 [J]. 中国农史，2000 (4)：12 - 17.

第二章
上海——竹枝词里的“小苏州”

竹枝词是风土诗[①]的一种。宋人郭茂倩《乐府诗集》曰：“竹枝词本出于巴渝”；“早期的竹枝词是纯民歌，多用于赛神活动，流行于巴渝，具有很强的地方色彩。”[②] 因其源于民歌，故内容也较多反映下层社会生活、记述风土人情，形式上格律自由，风格真实清新、诙谐风趣，可以看作民俗文化的载体，社会历史的写真。清代文人有在典雅诗作之余吟诵竹枝的习好，而江浙地区风气尤甚。

自明以来上海地区就有人作竹枝词，又清前期的上海竹枝词亦一如大多数竹枝词，以写述风土、表抒乡情为主。民国以来的上海竹枝词数量也相当多。通过对上海竹枝词的研究，可以挖掘史书中不曾记录的风土人情，描绘出更加细致的百年前的上海风貌。

第一节　以港兴商，以商兴市

一、上海也有千年史

世人云：“一百年变迁看上海，一千年沧桑看北京，三千年历史看西

① “咏风土的诗，除竹枝词外，还有专咏舟楫之事的棹歌，专咏杨柳的柳枝词，专咏一地名胜古迹的百咏，专咏本地风景的八景诗等等。”见丘良任. 论风土诗 [J]. 暨南学报（哲学社会科学），1995 (1)：90－98. 按：竹枝词在发展中产生了许多名目，如棹歌、渔歌、衢歌等，还有一部分纪咏地方风土历史的杂咏、纪事诗、绝句等亦可归入其中，本章所说的竹枝词即这些广义的竹枝词。

② 李良品. 竹枝词源流考 [J]. 重庆教育学院学报，2000 (04)：50－54.

安。”其实，上海的城市历史已有1 200余年。虽然“上海城市兴起的轨迹是以港兴商，以商兴市，开埠以前奠基，开埠以后崛起”[①]，但在西方中国史学者眼中，上海本是一个渔村，自从通商开埠后，才始辟市场，为一大港。[②] 事实却是，在内河运输的推动下，隋初，上海地区第一个内河港口华亭镇港已渐成雏形。唐天宝五年（公元746年），上海地区第一个海口门户港青龙镇港也已小成气候。经过300多年的发展，到宋代，华亭镇港已是“富室大家，蛮商船贾，交错于水陆之道”之地。宋宣和元年（公元1119年），随着松江航道重新疏浚，青龙镇港更是成为“风樯浪楫，朝夕上下，富商巨贾，豪宗右姓之所会”。宋朝诗人梅尧臣在《青龙杂志》中记载，青龙镇有二十二桥、三十六坊，还有“三亭、七塔、十三寺，烟火万家”，时人誉称“小杭州”。不过，即使青龙镇如此繁华，但当年作为华亭一个海口的上海镇港，仍然是个荒凉的渔村。后来因为吴淞江下游的淤浅，曾经繁华一时的青龙镇，就逐渐丧失了作为长江口良港的地位，而日趋萧条冷落。宋熙宁年间（公元1068—1077年），贸易中心转移到华亭东北地区，在这里形成居民聚居点，由渔村变成了初具规模的小镇。南宋咸淳三年（公元1267年），在此正式设立镇治，并派镇将驻守。因地处上海浦西侧，便称“上海镇”。元朝至元十四年（公元1277年），在上海镇设立市舶司，与广州、泉州、温州、杭州、庆元、澉浦合称全国七大市舶司。本埠市舶司的衙门设在后来的上海县署内，即今小东门方浜中路以南的光启路上。“元至元十九年（公元1282年），政府命上海总管罗璧、朱清、张瑄，造平底海船六十只，开始海运，自此，海上贸易日趋隆盛。”[③] 可见北宋时期尚属荒蛮渔村的上海镇港到宋末时已经“人烟浩穰，海舶辐辏”，崭露头角。到了明代，上海地区商肆酒楼林立，成为远近闻名的“东南名邑”。明末清初，上海的行政区又进行了沿革，逐步形成了今天上海的规模。

但是上海的建城已经是很晚的事了。明代中叶之后，我国东南一带有

---

① 熊月之. 上海通史：当代经济（第12卷）[M]. 上海：上海人民出版社，1999：36-40.

② 上海市文史馆、上海市人民政府参事室文史资料工作委员会. 上海地方史资料（二）[M]. 上海：上海社会科学院出版社，1983：20-21.

③ 顾炳权. 上海风俗古迹考 [M]. 上海：华东师范大学出版社，1993：256.

倭寇的侵扰，史载曾屡次在上海登陆，给上海造成很大的损失。如嘉靖三十二年（公元1553年）自4—6月连续遭受5次倭寇的劫掠，因此这一年就倡议筑城，并且自9月动工，11月就完成了。“前明松府隶南京，上海沿元未建城。嘉靖年轮三十二，备倭创筑县城成。”（清·秦荣光《上海县竹枝词》） “城周九里，高八米，开六门（东、南、西、北、小东、小南），环城开城壕，周十里，宽二十米。城门除原有六门外，后又开四门。”① 然而，这对上海县而言只是起到了保护的作用，以及为当地之后城镇化的发展起到一点铺垫的作用，而整个上海地区特别是上海县的经济开始迅速发展应该要晚至清初。

“清代在苏州、松江两府派设道员始见于顺治初，称苏松兵巡道，驻于太仓州。1663年（康熙二年），随着常州府的并入，改设分守苏松常道，移驻苏州。此后，该道时撤时设，但与上海县均无行政上之直接联系。1725年（雍正三年），鉴于海禁解除以后商船日增，上海地位日益重要，经江苏巡抚张楷奏准朝廷，委派设于苏州的分巡苏松道兼理江海关，上海县始在关务上与苏松道有了直接的联系。1730年（雍正八年），海禁大开，为维持沿海口岸治安，经江苏巡抚尹继善奏请，分巡苏松道加兵备衔移驻上海，上海县从此处于巡道的直接监察之下，该道也因此被称为‘上海道’。因1736年（乾隆元年）以后清廷将太仓州划归上海道管辖，该道的正式名称为分巡苏松太兵备道。”② 政治地位的节节攀升，一方面开阔了上海人的视野，加速了上海地区的经济发展，另一方面也导致赋税额度的急剧加大。“据载康熙二十九年税收定额为二万三千多两，至雍正十三年已增至六万二千两。”③

二、明清赋税变化

长期以来，江南地区的赋额负担历来繁重，上海亦如此。赋额之繁重

① 褚绍唐. 上海历史地理［M］. 上海：华东师范大学出版社，1996：8.

② 熊月之，周武. 上海——一座现代化都市的编年史［M］. 上海：上海书店出版社，2007：19-20.

③ 褚绍唐. 上海历史地理［M］. 上海：华东师范大学出版社，1996：90.

唐时已然，之后更有增加。《五茸志逸》谓：“一始于宋景定间，贾似道卖民田为公田。再始于元大定间朱清、张瑄等籍没。三始于张士诚之增赋。”王韬《瀛壖杂志》也说：“苏松田赋之重，一坏于贾似道之公田，再坏于明洪武之皇庄，三坏于吴门太守之以民田摊入宦田，而民力竭矣。”又记清初情形谓：“民间逋负纷积。以法绳之，则聚众群哄，挟制官吏；抚之则益玩，急之则生变。人心不靖，江河日下，此贾生所为痛哭流涕者也！”可见，繁重的赋税让上海地区的居民着实轻松不起来。

“邑产惟棉实大宗，脱花炎暑力疲农。春收菜豆和三麦，罄室先将租赋供。”（原注：棉田锄草，俗称“脱花”。四民之业，农最勤苦，植木棉，多于粳稻。秋冬种菜麦，来岁始銍刈，为春熟。田所获，输赋偿租外，未卒岁，室已罄）又有“火轮那管炙肌肤，辛苦田间汗血锄。完却官租囊欲罄，叩门月米又追呼。”（原注：……种田所获，输官偿息外，未卒岁，室已罄。俗有“六十日财主”之称。清・祝悦霖《川沙竹枝词》）“木棉花发满区图，赢得年来抵半租。昨夜县官催赋急，只言夫婿往平湖。”（清・王恭先《瀛洲竹枝词》）

根据对明洪武、弘治、万历三朝松江府户口田地及实征米麦数、户口田地及实征米麦数升降百分比、户口田地及实征米麦数占全国总数的百分比、户口田地及实征米麦数平均数统计可知，虽然户口田亩数都有所递减，但是实征的米麦数的递减程度却远远低于前者，所以实际上此地的赋税徭役的任务是有增无减的情形。这一情况的改善发轫于海瑞的改革措施。“金花梭布弊相沿，昭代捐除民始便。柳巷花村留古谚，至今传说一条鞭。”（原注：金花银，三梭布，明代政赋名色。当时松郡赋役繁重，自海瑞行一条鞭而民困始苏，国朝仍之，故古谚称事物均平者皆曰“一条鞭”。清・黄霆《松江竹枝词》）“一条鞭”法，就是将赋役中的各项名目，如杂款、均徭、力差、银差等各种税收合并为一种，将力差归入田赋，一律按田亩核算，简化手续，统一征收，并可改折银两，允许被征调的差役出银雇人代役。这就扩大了货币流通的范围，削弱了人身依附关系，使商贩和工匠获得了人身自由，对商品经济的发展起到了促进作用。

通过对明清两代松江府征麦米数统计，清代征米麦数对明代征米麦数的百分比几乎下降了一半，以银两相抵其他各种捐税的份额增大了，从某种角度来说就是减轻了人民的负担，使人们得以有更多机会从事商业及手工业。虽然从事商业活动所要承担的风险远远胜于传统农业，却依然挡不住人们逐利的脚步，只因为海运带来了巨大经济利益。“南洋风浪险如何，一艇归来万贯罗。拚向洪涛掷微命，男儿求利可怜多。”（清·秦荣光《上海县竹枝词》）

三、商业型城市定位

合乎时宜的政策对社会经济的发展能起到极大的促进作用。开海禁后，我国沿海贸易发展之迅速，为亘古所未有。所谓“江海风清，梯航云集，从未有如斯之盛者也”。（清·嵇曾筠《乾隆浙江通志》卷八六《榷税》）罗威廉（William T. Rowe）在《帝国晚期的江南城市》一书的导言中认为上海的商业发展是行政命令的结果。“上海最初的兴起是由于1277年海外贸易机构（市舶司）的设立；明代由于首都的北迁和海禁使上海陷入短暂的衰落；清前期海外贸易的重新开放和江海关在1730年的设立，使其再次成为内地贸易和海外贸易的联系通道。”[①] 因此，有学者直言：“与传统的政治性或军事性城镇不同，上海是一个典型的商业城镇，商业在上海城市的发展过程中始终居于最重要的地位。上海的兴起肇始于商业贸易，上海的繁盛亦归结于商业的勃发。商业贸易是这座城镇的命脉所在，也是推动这座城镇社会发展演进的主要力量。”[②]

有学者从经济结构立论，将江南市镇分为三种类型，即生产性市镇、流通性市镇、消费性市镇。其中，流通性市镇是江南市镇的最基本类型。[③] 上海地区正是典型的流通性商业城市。“繁华人说小苏州，商贾云屯百货稠。”（清·陈祁《清风泾竹枝词》）而上海县的居民由于得到政治上的支持以及地理环境上的优势补给，重商的风气尤重。“上海设县原因，即与

① 约翰逊. 帝国晚期的江南城市［M］. 成一农，译. 上海：上海人民出版社，2005：5.

② 尹继佐. 培育上海城市精神2004年上海文化发展蓝皮书［M］. 上海：上海社会科学院出版社，2004：32.

③ 刘石吉. 明清市镇发展与资本主义萌芽——综合讨论与相关著作之评介［J］. 社会科学家，1988（4）：37-45+54.

商有密切关系。青龙镇衰落，上海镇兴起，均与贸易有关。上海设县以后，属于松江府，其地被称为‘海商驰骛之地’，其民较之府治所在地华亭，更重商业。”[①] 趋利重商的风气直接导致许多留守的妻子成为闺中怨妇。竹枝词云：“少妇当家极可怜，女儿泾上盼归船。劝郎莫再经商去，多买俞塘南北田。”（清・丁宜福《申江棹歌》）

根据明代弘治《上海志》记载：在宋末元初，“上海故为镇时……人皆知教子读书，江海湖乡则倚鱼盐为业，工不出乡，商不越燕、齐、荆、楚。男女耕织，内外有事，田家妇女，亦助农作，镇市男子亦晓女工”。所以萧国亮认为：在自然经济条件下，上海与其他地区的经济联系还极其微弱。[②] 上海之所以能成为长三角地区的经济枢纽，不仅有赖于便利的地理环境，“南瞰黄浦，北枕吴松”，“为海道要津”。（同治《上海县志》卷一）更加重要的原因是宋元以降，上海地区棉纺织业的快速发展，推动了上海地区城镇历史的兴起。

南宋末年，棉花栽培技术被引入上海，但由于纺织技术有限，棉纺织业的经济效益甚微，也制约了植棉业的发展。《南村辍耕录》载：元初“有一妪，名道婆者，自崖州来，乃教以做造捍弹纺织之具”，有诗为证：“布自黄婆首教之，先棉奉祀礼不宜。”（清・秦荣光《上海县竹枝词》）而“黄道婆在棉纺织技术上的发明、革新及其在上海地区的推广应用，增加了土布的产量，提高了土布的质量”。[③] 从而使植棉真正发展为一种产业，其产生的经济效益在之后的几百年里对上海产生了极其深远的影响。后人对黄道婆也是非常爱戴、敬重：“种得木棉几亩多，纺纱织布近如何？小姑欲学丁娘子，阿母恩酬黄道婆。”（清・顾翰《松江竹枝词》）甚至立了祠堂供奉她：“丁娘子布烂云霞，黄道婆祠落日斜。土俗由来工纺织，闲花不种种棉花。”（清・倪卓《泖河棹歌》）

上海地区的棉纺织业经过元明时期近 400 年的发展，到了明代后期出现了极盛的局面。当时，“海上官民军灶垦田，几二百万亩，大半种棉，

---

① 熊月之. 上海城市精神述论［J］. 史林，2003（5）：1－12.

② 萧国亮. 鸦片战争前上海在长江三角洲地区经济联系中的地位和作用［M］//叶显恩. 清代区域社会经济研究. 北京：中华书局，1992：572.

③ 萧国亮. 鸦片战争前上海在长江三角洲地区经济联系中的地位和作用［M］//叶显恩. 清代区域社会经济研究. 北京：中华书局，1992：572.

当不止百万亩。”（明·徐光启《农政全书》卷三五）大面积植棉的原因，其一是出于自然地理、水利条件的变化，“三冈沿海极平沙，不植蚕桑不艺麻。最怕风潮八月半，侬家全植木棉花”。（原注：三冈地形高印，宜木棉。每岁八月飓风起，最为害事。清·顾翰《松江竹枝词》）这一点已有学者做出论述：“值明清之际，因水利灌溉的格局一变，松江府的农业结构发生了一种形似细微，但意义深远的变化。这一变化主要表现在以水稻为主的粮食种植业，向以棉花为主的经济作物种植业的过渡。而这一过渡大致是在雍正以前基本完成的。种植领域内的这种变化是与这里的水利变化过程相一致的。换句话说，‘变化’是与‘膏腴’之地的逐渐衰减以及以棉田逐步补充替代大致同步的。吴骐在当时曾预测，‘数十年以后，金山以东大抵皆同上海无复稻田矣’，就是根据金山以东一带恃以灌溉的四条经流，十二条纬流，‘为潮泥污填，涓涓如萦带’的现象而说的。事实正如吴骐所预言的。比如奉贤县，早先‘邑城之北有干河，日头、二、三桥港，自城濠而北二十余里始于南邑界接。其中支流数十条，其上腴田数万顷，其旁居民数千家，以及商舶之通往来之便胥，于是河有赖也。然历年以来失于疏浚，至乾隆己酉（公元1789），旱甚水涸，年不顺成’。于是，‘种棉豆多于粳稻，而棉尤盛。妇女与男子共作苦。盛夏秉锄耘草于棉田’。这样，‘（松江）一郡膏腴减什之五’。所以会出现如此局面，原因就是‘（吴）松江之势日失’。由此可见，值清代前期，因水利之变，松江府的农业已从粮食作物为主，一变为‘农家树艺，粟、菽、棉花参半’了。当时尚不属松江府管辖的嘉定县，这种变化发生得还要早些，明天启四年（1624），邑人殷都在《上漕台清止兑运书》中说，‘盖缘本县海潮壅塞，积沙成阜，水利尽废，沟洫不通，不能种稻，尽种棉花’。”① 如此才成就了上海棉纺织业之后的飞跃。

正德《松江府志》谓：“俗务纺织，他技不多，而精线绫、三梭布、漆布、方巾、剪绒毯皆为天下第一。”当时的苏州、南京是全国最大的丝织业中心，而上海则是最大的棉织业中心。上海地区生产的土布，远销

---

① 何泉达．吴中水利与滨海盐利——兼论明清两代上海盐业衰颓的原因［J］．史林，1991（3）：55－60．

"秦、晋、京、边"及"湖光、江西、两广"等地区，"富商巨贾操重资而来市者，白银动以数万计，多或数十万两"。（清·叶梦珠《阅世编》卷七）据史料记载，当时上海每日售出的布在5万～10万匹，全年的棉布上市量按旺淡季统算约为2 000多万匹。由此，上海也赢得了"木棉文绫，衣被天下"的美名。而"棉花等经济作物的广泛种植以及棉纺织业的兴起，正是市镇经济发展的原动力"。[①]

棉纺业的发展反过来推动了植棉业。早在明末清初时，嘉定地方地产棉花，种稻之田不足1/10。在其他地区，棉花的种植之广也与粳稻相等。"晴罨山庄绿满田，杖藜出郭度遥阡。吴侬生小江乡住，把管丛君话木棉。"（原注：吾邑木棉，远及数省，业农者罕见种稻，今生长海陬知之最详。清·张春华《岁事衢歌》）由于"种花费力少而获利多，种稻工本重而获利轻"，于是棉花种植业开始向商品性农业生产发展。特别到了清代康乾之时，整个上海地区"每村庄知务本种稻者不过十分之二三，图利种棉者则有十分之七八"。（《皇清奏议》卷六一，高晋"奏请海疆禾棉兼种疏"）上海的一些市镇也由于棉花贸易而发展起来。"宋元时代，上海地区已有拨赐庄、泰来桥、钱门塘等8个城镇。明清时代、特别是清代前期，上海棉纺织业的普遍发展及资本主义经济的萌芽，繁荣了商品市场，活跃了地区经济，上海地区的城镇以前所未有的速度迅速增长，它们集中成批地勃兴，犹如雨后春笋，星罗棋布地散布在上海地区诸县各地。终明一代，新出现63个城镇，加上宋元时代8个城镇，总计71个城镇。从清初到鸦片战争前夕，又新兴了82个城镇，加上明代69个城镇（其中乌泥泾、黄姚二镇已经衰废），清代前期上海地区总共是151个城镇。"[②] 说棉花是上海经济得以发展的关键因素，毫不为过。

而这一切都指向同一个观点："上海地区棉纺织业和商品经济的发展，使作为上海地区对外发生经济联系的商品市场被不断地萌发出来。商品经济的发展，是生产力提高的结果，具体地说，棉纺织技术的发展和推广以

---

① 熊月之，周武．上海——一座现代化都市的编年史［M］．上海：上海书店出版社，2007：23.

② 吴仁安．从方志看清代上海地区城镇经济的变迁［M］//叶显恩．清代区域社会经济研究．北京：中华书局，1992：598－599.

及在生产上的应用，导致了生产力的提高，才把上海地区封闭的自然经济系统的缺口打开。从此上海地区的社会经济才有了长足的进步，其与外界的经济联系发展十分迅速。”① 商业经济相比较传统小农经济所带来的利益不可同日而语，这也就从最实际的角度大大激发了上海地区先民趋利重商的价值取向。

第二节 丰富多元的生产方式

“上海故为镇时，风帆浪拍之上下，岛夷交广之涂所由出，为征商计吏，鼎甲华腴之区。”（明嘉靖《上海县志》“风俗”条）从先前的“舟为庐舍水为家”到现在正在创建的国际航运中心，上海一直是个靠海吃饭的地方。“外冈西去是侬家，数亩清阴落照斜。一扇柴扉容叱犊，半帆渔艇惯捞虾。”（清・钱大昕《练川杂咏和韵》）这首清人竹枝词，寥寥数语便逼真地描摹出了开埠前上海人的生活和生产方式。而这与更早期“柴客渔商”的社会结构是一脉相承的，这可从元人邵亨贞《贞溪初夏》中得到印证：“绿阴桑柘满高原，白水蒹葭接远村。江上人家无俗事，轻舟载网过柴门。”

一、靠水吃水

一般来说，生活习惯是由社会结构决定的。开埠前的上海地区，其农业生产基本在打鱼耕地的框架中。因此，大量的上海竹枝词，都反映了在上海进入工业化以前的江南水乡独有的自然气息。“春申古渡夕阳多，低盖乌篷晒绿蓑。笑指妻儿闲结网，自吹长笛送沧波。……望仙桥畔尽渔家，豆架瓜棚傍水斜。几只小船杨柳岸，腥风一剪漉鱼虾。”（清・王鸣盛《练川杂咏》）这首词所描绘的场景犹如一幅王维笔下的田园图，充满了

---

① 萧国亮．鸦片战争前上海在长江三角洲地区经济联系中的地位和作用［M］//叶显恩．清代区域社会经济研究．北京：中华书局，1992：572－573.

闲适与惬意。一个位居高官、家世显赫的诗人的眼里看到的是这里的人们过着“水面悬弓香饵多，橛头船子晒渔蓑”的缓慢生活。这也正好说明，作为一个江南水乡，而且打渔是此地最传统的生产方式。“鳝黄鳗白蛤蛎鲜，生计惟知问网船。……网带家家尽业渔，河沿是处钓人居。”（清・陈祁《清风泾竹枝词》）打渔卖鱼的收入还不少：“渔船晒网泊菰芦，入市鱼腥何日无。一部河豚典一袴，秋风低价四腮鲈。”（原注：春时河豚入席，三头为一部，有“得一部，典一袴”之谚。清・陈金浩《松江衢歌》）但开埠前的上海由于受到自然环境的严重制约，如海潮侵袭、土地盐渍化等问题，使得这里的人们不得不面临更艰巨的生存考验，付出更艰辛的劳动，渔民的生活实际上是充满风险的。如“南跄东边水接天，鼋鼍出没蜃楼连。柴客鱼商休早发，大汛潮头要覆船”。（明・顾彧《上海竹枝词》）与此同时，作为商业中心的苏州却是另一番景象。姑苏人沈德潜在《吴中棹歌》中唱道：“浪暖桃花三尺强，五湖烟雨泛苍茫。自是吴乡生计稳，凭他三月下瞿塘。”优越的地理条件，造成了“毕竟吴中百货所聚，其工商贾人之利，又居农之什七，故虽赋重，不见民贫”（清・王士性《广志译》卷二）的繁华都会景象。因此，在上海经济欠发达时，农业生产主要是从经济、实用的目的出发，生活充满艰辛。“潮声半夜满寒塘，衔尾中流到海航。载得黄鱼白鲞至，阁鲜一路卖沿乡。”（清・钱大昕《练川竹枝词》）这种交易方式是不陌生的，在中国一些生活节奏较缓慢的小城镇里，每个人都有过这种体验。悠长的沿街叫卖声，赋予了这个小城浓重商业气息中一点点的诗意，同时也孕育了这个城市的早期精神形态。这种沿街叫卖的方式，至今还在一些地方流行，“他告诉林红，自己寻找工作在街上走来走去时，经常看到农村来的小女孩在叫卖白玉兰，用细铁丝串起来，一串两朵五角钱，刘镇的姑娘买下以后戴在胸前挂在辫子上，看上去很美……”①

二、绫布二物，衣被天下

除水产品外，前文提到的棉花更是当地最重要的经济产物之一，“自

① 余华．兄弟：下部［M］．上海：上海文艺出版社，2006：261.

明中叶至清代前期，上海地区社会经济最重要的支柱乃是棉纺织业”[①]。上海地区土地贫瘠，不适宜禾稼，却适宜棉植。“沙田疲瘠怯秋登，家计浑如水上冰。……平川多种木棉花，织布人家罢绢麻。昨日官租科正急，街头多卖木棉纱。”（明·顾彧《上海竹枝词》）早在明末上海已有“棉七稻三”的种植格局，如清人陆遵书的竹枝词《练川杂咏》就曾说过：“低畦近水插青秧，高种棉花入土冈。……收得紫花还织布，弹成新絮制棉衣。”

方行通过剖析清代前期农村市场，指出大体存在三种类型的市镇：“第一，主要具有保障供给经济功能的市镇；第二，主要具有贩运贸易集散商品的经济功能的市镇；第三，多功能全面发展的市镇。它导致从东南沿海到整个内地的穷乡僻壤，以市镇为骨干、墟集相串联、多层次的农村市场网络。”[②] 每至秋末棉花收摘季节，不但上海县城各市集上有本地商人设点代各地商人收购，外埠商人也纷纷来上海深入农村各集镇设点收购。如在奉贤，木棉盛时，商舶纷集，远方商人多舣舟采买。在宝山县桂家桥，就因每年秋收后，客商常盘桓于此设肆收棉，故成集市。在上海县城小东门外，更形成了大规模的棉花市场，许多经销棉花的铺肆都开设在这里，“每晨至午，小东门外为市，乡农负担求售者，肩相摩，袂相接”。[③] 在棉花种植和纺纱业发展的基础上，上海的家庭棉织手工业也得到了较充分的发展，号称“比闾以纺织为业，机声轧轧，子夜不休，贸易唯棉花布”。在农村，农暇之时，所出布匹，日以万计。就是在城里也不例外。“里媪晨抱纱入市，易木棉以归，明旦复抱纱以出，无顷刻闲。织者率日成一匹，有通宵不寐者。”[④] “布机声轧出茅檐，织妇双搀十指尖。蓬首晨兴遥入市，妇家手絜米和盐。”（原注：里媪晨抱布入市易米归，旦复抱布出，日可织一端，有两端者，卒岁衣食全恃此。清·秦荣光《上海县竹枝词》）“关山东去复山西，棉布松江尺幅齐。似比蚕桑衣被广，寒梭停织唱头鸡。”（清·姚春熙《茸城竹枝词》）

---

① 吴仁安. 从方志看清代上海地区城镇经济的变迁［M］//叶显恩. 清代区域社会经济研究. 北京：中华书局，1992：597.

② 方行. 清代前期农村市场的发展［J］. 历史研究，1987（6）：78－93.

③ 施宣圆. 上海700年［M］. 上海：上海人民出版社，2000：119.

④ 施宣圆. 上海700年［M］. 上海：上海人民出版社，2000：120.

赵冈认为，“明清两朝城市经济发展的重心不在传统城邑，而在工商业市镇。江南新兴的商业市镇的最大特点，就是它们接近农村，与农村家庭手工副业打交道”。[①] 史料记载，作为“上海之根”的松江镇的手工业、商业自唐代起逐渐兴盛，至元代棉纺织业开始发展。由于最早受到苏州的影响，松江较早发展了手工业，自给自足的小农经济模式开始被瓦解，松江人开始了“竞相座位，转货他郡”的近现代社会中极为重要的商业经济生活模式，并在江南一带获得了“布，松江者佳”的美名。这是因为：一是上海的土地条件适合于植棉，“沙土平原利木棉，专于杼轴出银钱”，（清·曹瑛《高行竹枝词》）为上海的棉布生产提供了大量低廉的生产原料。“青蚨一百三斤花，织布娘声不住哗。”（原注：棉花最贱，白钱三斤。清·陈祁《清风泾竹枝词》）这为上海走向以棉布贸易为主的商业化道路提供了契机。二是与华丽昂贵的丝织品相比，土布厚实耐用，半偿私债，半输官赋，加上棉布低贱，乡民多恃布为生，如：“河对大门勤夜作，寒衣立等授全家。”（清·陈祁《清风泾竹枝词》）“黄草鞋轻棉布暖，生来不识上山蚕。……木棉花黄蝴蝶飞，木棉花白豆叶稀。木棉收尽轻车闹，纺得黄纱制妾衣。”（清·钱大昕《练川杂咏和韵》）这又为上海早期的商业化提供了广大的消费市场。三是尽管棉花价格有涨有跌，但与稻米相比，其收益始终看好。“木棉花似葵花妍，结苞成囊白胜棉。论秤家家资纺织，居奇却恨海商船。”（原注：海客贩载，棉花价昂。清·李行南《申江竹枝词》）“上海地区，每亩耕地用于种棉花，可收子棉一担（百斤），而一亩耕地用于种水稻大约可收米二石（三百斤）左右。以康熙年间物价较平稳的年份为准，米价每石银八钱，棉花价每担银三两，二石米值银一两六钱，一担棉花值银三两，两者相比几近一倍。”[②] 因此，正是依托于广大的农村地区，上海家庭棉纺业才得以生根发芽。

但与苏州集商品交易与市民娱乐为一体的集市不同，开埠前的上海小镇大多都是人们自发聚集起来的集市，以桥头、市井等人口聚集处为临时性市场的初级商品交易会所。“枳篱绕舍有农家，饮马江头树影斜。几处

① 赵冈. 中国历史上的城镇与市场［J］. 食货，1983，13（5－6）：216－231.
② 樊树志. 乌泥泾——绫布二物，衣被天下［M］. 上海：复旦大学出版社，1993：30.

榜人歌傍岸，簇成小市是鱼虾。”（清・王鸣韶《练川杂咏和韵》）“海上归来稳卸帆，缆船晒网日西衔。明朝拟上西门市，休向州桥卖蛤蜮。”（清・陆遵书《练川杂咏》）自工商业兴起后，上海地区的土布业开始流行定期集市，其基本分布格局是十数里一大镇，三五里一集市。这种较固定的集市不仅为社会提供了商品流通的机会，如“德里桥外野航斜，白布携来换紫花”。（清・陈祁《清风泾竹枝词》）同时也向广大乡村传播农业技术，促进了早期上海农村生产模式的根本转变。“明清江南市镇是广大乡村技术加工的中心，如丝织棉织的加工、印染等皆集中到乌青、双林、南浔、濮院、盛泽、罗店、南翔等大镇，它们就成了技术传播的中心。”[①] 这样的集市，不仅是互相交流技术的地方，也是时尚与流行的发源地，影响着早期都市的社会精神形态，如“不种稠桑爱种麻，兼丝细布薄如纱。露香园里高声价，花样新翻日月华”。（清・黄霆《松江竹枝词》）可见，当时的上海人也爱追捧时尚。

三、一方水土养一方人

开埠前上海地区地域分布较广，且行政区划也经历了较多变化，所以不同区县由地理环境以及历史遗传等原因，生产方式也不尽相同。松江府靠海之县较多，如金山县，“商人归载自江淮，食品兼多水味佳。日日鱼虾登网带，朝朝盐米负仓街”。（清・沈蓉城《枫溪竹枝词》）故而百姓擅陆海之利；风俗方面，“风俗声音辨渺茫，犬牙相错两分疆”。（清・陈祁《清风泾竹枝词》）“似吴十之三，似浙十之七”。在上海县，“人仰耕织而食并海”。南汇县地方，“田多高昂，民服耕力穑，四民各专其业”。川沙县也是如此，“地方濒海，风俗稍悍，与上海、南汇不甚相远”，“半栽禾稻半棉花，丰歉还征谚语嘉。……窄头杉板捕鱼多，来往惊涛疾似梭。”（清・祝悦霖《川沙竹枝词》）近太湖的青浦县，“东接松江西太湖，水天一色赛冰壶。外来无数帆樯客，谁识烟波旧钓徒”。（清・陈坦《三泖

① 陈学文. 略论明清江南城市化［M］//梅林新，陈国灿. 江南城市化进程与文化转型研究. 杭州：浙江大学出版社，2005：52.

棹歌》）“因地局水乡，除耕渔外，生计较少，与其他县有所不同。”（嘉庆《松江府志》卷五）种种差异在竹枝词中皆有显现。

除此以外，还有种种其他生计。例如，在松江府城乡地方，有人还以“传递柬帖”为生计，以此致富者多，时称“农民”，常洋洋自得，但这种生计被鄙为“最贱”①。这可以看作是早期邮政的民营形式；又有“轻摇团扇出兰汤，高轴湘帘理晚装。恰好卖花门外唤，珠兰茉莉夜来香”。（清·陈祁《清风泾竹枝词》）的卖花姑娘，在十里洋场的夜上海还可以找到她的影子。

第三节 亦奢亦俭的生活状态

一、崇尚奢靡的消费理念

王韬《瀛壖杂志》卷一云：“上海居南吴尽境，古为《禹贡》扬州之域。春秋属吴，后属越。”而旧志云吴越人文“轻扬”，素称“风流”，这是由于江南自然条件的优越，长年丰饶、衣食无虞，培养了它的细腻、敏感、诡异、奢侈的风气。因此，早期的上海民俗风情应与苏州相近，并在苏州一领江南风尚的时代，唯其马首是瞻。龚炜在《吴俗奢靡日甚》一篇中有如是记载：“吴俗奢靡为天下最，日甚一日而不知反，安望家给人足乎？予少时，见士人仅仅穿裘，今则里巷妇孺皆裘矣；大红线顶十得一二，今则十八九矣；家无担石之储，耻穿布素矣。”② 故县志称，上海居民“颇崇华黜素，虽名家右族，亦以侈靡争雄长，往往逾越其分而恬然安之”，至于沿沙薄海之民，“尤好崇饰其外，以耸观视，而肆然无所惮焉”。（弘治《上海志》卷一：风俗）除了明初一段时间以外，从元代到近代，上海人一直崇尚奢华。食必求精，山珍海味：“薛山笋价不论钱，两佘充名暗棹船。庖事谁能辨真伪，错教馋口漫流涎。”（原注：佘山人贩薛

---

① 董含. 三冈续识略：卷下“煞神”条［M］. 沈阳：辽宁教育出版社，2000：262－263.
② 龚炜. 巢林笔谈：卷5吴俗奢靡日甚［M］. 北京：中华书局，1981：113.

山笋，入郡每得高价。清·李延昰《九峰作》）衣必求贵，绮罗轻裘：“繁华此地近姑苏，生计何愁担石无。布织三梭都卖去，纻衫纨绔牧猪奴。”（原注：俗尚华靡，愈贱愈多。清·陈金浩《松江衢歌》）由于“传统中国是一个以个体小农经济为基础的农业社会，乡村构成整个社会的基础。而古代中国乡村社会的一个显著特征就是高度的分散性。……传统中国正规官僚机构的设置只延伸到县一级……乡村基本处于一种‘自治’状态”，[①] 而且上海地区先民基于优越的经济条件，在一定程度上确实有“奢侈”的可能性，因此，衣着的色彩、用料、式样每每越份逾矩，朝廷的服饰典制在这里几成一纸虚文。“衣裳楚楚又翻新，冠服年来学古人。市侩竞穿夫子履，女郎也带浩然巾。”（清·陈祁《清风泾竹枝词》）

1. 高低不等的消费能力

上海地域之大，发展时间跨度之长，必然存在地域差异和程度上的不同，经济水平与风俗习惯也不尽相同。而一个地区的消费问题，与收入状况、物价涨落等都有密切关系。

明清时上海地区是江南植棉纺织的重要生产地，但乡村地区并非都宜植棉，棉只适于高地生产。在今天的川沙县高桥镇以北地方，当时属“江东”八都地区，东西北三面距海浦，浮沙瘠薄，地不宜棉，也不宜种稻，但是久灌之后，棉又若蔓草，所以三年种棉，必须有一年种稻，当地有所谓“七分棉花三分稻”（《江东志》卷一：风俗、物产）之谚。因此整个松江府境内的植棉纺织情况存在着明显差异，大体而言，“东乡种木棉者居十之三，俗称‘花地’，西乡土性不宜棉而女红擅针黹，故以布为恒业”。（清·周凤池纂、蔡自申续纂《金泽小志》卷一：风俗）具体来说，晚至清代，松江府的东乡地区，如上海县、南汇、川沙、奉贤、嘉定等地棉田种植比例高达60%～70%，以故棉纺织业不但盛于村落农家，城镇中也很普遍，由于植棉纺织比经营粮食业能够获得更多的利益，乡村农民往往以棉织业为主，有的地方甚至作为一个家庭的主业代替传统的耕种业。

---

① 杨国安. 长江中游乡村社会权力结构及其变迁（1368—1911年）［M］//陈锋. 明清以来长江流域社会发展史论，武汉：武汉大学出版社，2006：382.

故而曾经产生嘉定“地不产米，民苦充漕”的情况；华亭、青浦等“西乡地区”则是以种稻为主的“稻产区”。[①] 南乡地区稻田高而平，“斫稻晒谷功易成”；北乡地区是所谓的“稻田水漉漉”（清·周厚地《干山志》卷三：土产、风俗），人们苦无干地。东乡人最担心的就是花价、布价俱贱，而粮价高涨；但在产粮区的农民，则反之。而当时实际的棉稻收益如何呢？

据世界和我国气象学史专家的研究，晚明至清前期恰逢小冰河的自然灾害周期，气候寒冷，旱涝成灾，遍及东亚大陆。在我国，其前兆约可追溯至嘉靖前期，万历十三年（公元 1585 年）起变得明显，但仍时起时伏，崇祯至顺治初达到灾变的高峰，北方比南方更为严重，收尾则一直要拖到康熙二十六年（公元 1667 年）前后。由于气象史专家搜索的历史资料不全，实际情况远比他们已经调查的要严重得多，《历年记》记述历年棉花粮食收成情形特详，有些为府县志所不载，说明在上海浦东受这种灾变周期的影响也非常严重。

据清初人姚廷遴所撰《历年记》[②] 所记，在姚氏生活的年代里，属自然灾变收尾阶段，仍处于周期惯性作用范围，年景不太好，而且有大荒之年。另外根据姚氏并补《府志》崇祯初的记述，70 年里，明确属荒年的约有 28 年之多，占 40%，其中属大荒、奇荒的至少有 10 年，约占 14%；明确属丰年，稻花俱好的约有 7 年，占 10%；其余 35 年则有局部灾荒，或稻好，或花好之年，即差作平年计，约占 50%。这是灾变时期的情况，一般情况下，江南是丰三、平三、荒三，九年必遇三年大小不等的灾荒，浦东多受台风霖雨之灾，棉农的风险极大，且花稻气候要求不同，花好往往稻坏，两者俱好绝少，农民生活异常艰辛。“纵使丰年累已深，一逢水旱更忧心。买柴籴米皆难事，借债完粮苦不禁。年荒颗粒竟无收，阖室嗷嗷日夜愁。还要劝捐帮赈济，按田科派泪空流。”（清·瞿中溶《续练川竹枝词》）因此有学者叹曰：“嘉道以前，上海未开埠……士农工商四民之中，以农人为主，作苦耐劳，‘胼胝稼穑，出自天性。’长年辨色即起，空着肚

① 李伯重. 明清江南农业资源的合理利用——明清江南农业经济发展特点探讨之三 [J]. 农业考古，1985 (2)：158 - 171.

② 王家范. 明清史料感知录（三）[J]. 历史教学问题，2004 (6)：54 - 57.

子入田，称作‘做卯时’。全家男女，霑体涂足，日暮始返家。黄昏后，男子踏车灌田，女子勤于纺织，往往要过半夜间。”[①] 可见物力之维艰。又，清代嘉庆时期，上海已是“海人杂处”之地，“居游服馔，颇近于奢”，“嘉道之前气习浮，苏扬人物慕风流。外强早伏中干兆，商富民贫前志忧”。（原注为《嘉庆志》：“民贫而商富，中不足而外有余，城市慕苏扬之风，目前斐然可观，而力实不能持久。”清・秦荣光《上海竹枝词》）分析其中的心理原因是：上海地区受到大海潮汐涨落所引发的农业丰歉与航运业好坏也有关。“海潮涨落往来忙，地气中人势不常。易富易贫无十载，山丘华屋尽沧桑。”（原注为范《志》：“上海潮汐涨落，易富易贫。”清・秦荣光《上海竹枝词》）因此，靠天吃饭的农民与靠经营获利的商人之间的贫富差距比其他地方更加明显，其消费水平当然也有很大差别。

2. 奢靡消费的界限范围

范濂说：“吾松素称奢淫黠傲之俗，已无还淳挽朴之机。兼以嘉隆以来，豪门贵室，导奢导淫，博带儒冠，长奸长傲，日有奇闻叠出，岁多新事百端。”（明・范濂《云间据目抄》卷二：记风俗）欧阳卫民认为，大体上中国古代奢俭的划分有两种基本标准，一是是否超越自身等级标准，二是消费品对主体是否绝对需要。[②] 陈国栋定义为：在社会安定的状态下，当平均产出超过维持生命所需时，个人所得可以去消费一些非必要的商品或劳务，这种非必要的消费即为“奢侈性”消费，它基本上是以整个经济社会为参照，即以整个社会大多数人都加入非维生所必要的消费为准；而所谓的“维持生命所需”原本是指生理上的构成一个特定热量的食物，在人类社会当然也包括一些必需的心理性与社会性消费。[③] 金山县“以前风俗淳厚如此，驯至范叔子撰《据目钞》时，已不胜感叹矣。若今日之奢靡无等，使叔子见之，其且嚎且嗔，又当如何，男子衣帽无论士庶舆台，但力所可为，虽狐貉不忌，其女人朝衣朝裙，几于遍地，其他狷巧纤丽，不可

① 顾炳权. 上海风俗古迹考［M］. 上海：华东师范大学出版社，1993：252.

② 欧阳卫民. 中国消费经济思想史［M］. 北京：中央党校出版社，1994：35.

③ 陈国栋. 经济发展、奢侈风气与传统手工艺的发展——以明代为中心的例证［C］//曹添旺，赖景昌，杨建成. 经济成长、所得分配与制度演化. 台北：台北“中研院”中山人文社会科学研究所，1999：43－76.

殚述”。(乾隆《金山县志》卷十七：风俗)“稍益匮乏”“力所可为”均表明是在自己的消费能力之内，但却又说其侈靡，可见奢靡的判断从根本上来说并非是根据个人收入，或是否超出自己的经济支付能力，而是是否符合礼制和等级秩序。

有学者曾推算过清代江南人的年生活费支出，大致是：

(1) 每年每户（以一家5口计）日常生活所需口粮为15～18石（以常年米价1石值银1两为准，约需银15～18两）；

(2) 副食（包括油盐荤菜蔬之类），全年每户支出约银7两；

(3) 全年每家用布支出约银3两；

(4) 燃料每年支出约银3两。

如此，全年生活费支出为银30两左右。①

这种消费结构的特点是：大部分家庭的主要支出是在口粮上，日常副食品支出所占的比重低于口粮的支出。可见，当时江南普通农民的生活还处于较低的消费水平，那何来奢侈之说呢？

这一说法的论据主要集中在以下几方面。

1) 奢靡消费的人群：商贾缙绅

在明代上海地区的“右族以侈靡争雄长，燕穷水陆，宇尽雕镂、臧获多至几百指，甚者厮养舆服，或至凌轹士类”。(《古今图书集成·职方典·卷六九六·松江府风俗考·上海县》)范濂《云间据目抄》云：“隆万以来……纨绔豪奢，又以椐木不足贵，凡床厨几棹，皆用花梨、瘿木、乌木、相思木与黄杨木，极其贵巧，动费万钱，亦俗之一靡也。”(范濂《云间据目抄》卷二：记风俗)明末清初的叶梦珠也写道：“缙绅之家，或宴官长，一席之间，水陆珍馐，多至数十品。即士庶及中人之家，新亲严席，有多至二三十品者，若十余品则是寻常之会矣。”尽管顺治初年有所收敛，“然识者尚不无太侈之忧”，“及顺治季年，蔬用宋式高大酱口素白碗而以冰盘盛漆案，则一席兼数席之物，即四五人同席，总多馂余，几同暴殄”。(清·叶梦珠《阅世编》卷九：宴会)这种现象在竹枝词中也有颇

① 王家范. 明清江南消费风气与消费结构描述——明清江南消费经济探测之一［J］. 华东师范大学学报（哲学社会科学版），1988（2）.

多印证：“鲥鱼颜色烂如银，海味群推赛八珍。才得千钱易一尾，满盘狼藉是何人。”（清·王霆《松江竹枝词》）在叶氏看来，筵席食品满足餐饮即可，一味地追求丰盈精巧，不仅是奢侈浪费，甚至是暴殄天物。但从其他材料中，我们也可以发现大肆挥霍的人群多是商贾缙绅。萧奭《永宪录》卷二，雍正元年八月上谕：“然奢靡之习莫甚于商人，内实空虚而外事奢侈。衣服屋宇，穷极华丽，饮食器皿，备求工巧。俳优伎乐，醉舞酣歌，宴会嬉游，殆无虚日。甚至悍仆豪奴，服食起居，同于仕宦，越礼犯分，罔知自检，各处昏然，淮扬尤甚，使愚民尤而效之，其弊不可胜言。尔等既司盐政，宜约束商人，省一日之靡费，即可以裕数日之国课，且使小民皆知儆惕，敦尚俭约。”[①] 普通百姓人家甚至其危害之深，故而告诫之声不绝于耳。有竹枝词云：“十万家财百口人，子孙儿女共相亲。算来日食需多少，转眼之间也叹贫。”（清·瞿中溶《续练川竹枝词》）

但是有一个特例不得不引起笔者的关注，《松江府志》在比较松江府所辖各地的风俗时，特别提到上海县由于滨海通商的缘故，风气较他处更显奢侈：“诸州外县多朴质，附郭多繁华，吴松则反是。盖东北五乡故为海商驰骛之地，而其南纯事耕织，故所习不同如此。大率府城之俗，谨绳墨，畏清议，而其流失之隘；上海之俗喜事功，尚意气，而其流也失之夸。”（明·正德《松江府志》卷四）“东北五乡”指上海县，县城之奢华超过府城，这在中国传统社会里并不多见。沿沙薄海之民“尤好崇饰其外，以耸观视，而肆然无所惮焉”。（明·弘治《上海志》卷一：风俗）差不多的情形，别的县城却要到开埠以后才出现。嘉定县虽土地瘠薄，然而“俗之勤且俭者日非”，从道光末年开始，地方上“渐趋华竞”，“浮薄少年”因衣食稍裕，出行动辄乘坐车轿；就是乡村务于耕织的百姓，生活也颇习华靡，“非茶肆听书，即酒家醵饮”。（光绪《嘉定县志》卷八：风土志·风俗）甚至“不归葱肆不租田，十市三乡闲少年。朝弄画眉呼鸽子，夜吹笛管拨筝弦”（原注：乡邑少年游荡失业，谓之浪子。清·陈金浩《松江衢歌》）的也大有人在。

---

① 萧奭. 永宪录［M］. 北京：中华书局，1959：135.

2）奢靡消费的内容：婚葬消费

“江南赋重冠寰中，地薄民稠岁少丰。更爱奢华夸体面，十家往往九家空。”（清·瞿中溶《续练川竹枝词》）上海地区的人们也很爱面子，尤其在婚葬礼俗上。“从明中叶直至晚清的江南地区，婚嫁论财之风愈刮愈烈，无法遏制。无论是传统保守的方志编纂者，还是出任江南的方面大员动用政府控制力量，都难以挽回‘颓风’。这股潮流如水银泻地渗透于社会各阶层，也变成了人们一种潜意识，甚而成为大多数人的婚姻观念。”[①] “婚嫁原应趁及时，门当户对各相宜。不知量力多糜费，荡尽家财懊悔迟。”（清·瞿中溶《续练川竹枝词》）“婚嫁年来竞斗华，弃田为礼俗同夸。可以剪碎绫和绢，绣象金狮果串花。”（清·李行南《申江竹枝词》）到了“乾隆年间江南社会经济全面繁荣，社会风气奢糜在婚娶中多有反映，江南各府婚嫁论财更为普遍，特别是苏松太杭嘉湖地区”。[②] 例如，青浦县“民间婚嫁，无意之费最多”。（乾隆《青浦县志》卷一：风俗）宝山县“若夫婚姻之礼，纳采则有‘行盘’，富豪之家以盘多为胜，绒妆彩结，鼓吹导迎，不惜耗费”。（乾隆《宝山县志》卷一：地理志·风俗）许多地方志均以婚丧等方面超过一定限度的过多消费作为奢侈浪费的典型，批评“婚丧之费尤侈”。（乾隆《金山县志》卷十七：风俗）

奢俭之别同时考虑到甚至包含有人们的择业方向以及对财利的热衷与追求。明代陆楫认为，“盖俗奢而逐末者众也”，“是有见于市易之利，而不知所以市易者，正起于奢”[③]，风俗侈靡而导致从商者多，从而形成一个循环。虽然张翰《松窗梦语》说“今也，散敦朴之风，成侈靡之俗，是以百姓就本寡而趋末众，皆百工之为也。夫末修则人侈，本修则人懿。懿则财用足，侈则饥寒生，二者相去径庭矣”[④]，也无力改变这一情形了。

---

① 范金民. 婚嫁论财与婚姻礼俗变迁——以明中叶至清代的江南为中心［M］//范金民，胡阿祥. 江南社会经济研究——明清卷. 北京：中国农业出版社，2006：1154.

② 范金民. 婚嫁论财与婚姻礼俗变迁——以明中叶至清代的江南为中心［M］//范金民，胡阿祥. 江南社会经济研究——明清卷. 北京：中国农业出版社，2006：1155.

③ 陆楫. 蒹葭堂杂著摘抄［M］//沈节甫. 纪录汇编（卷204）. 北京：中华全国图书馆缩微复制中心，1994：2220.

④ 张翰. 松窗梦语（卷四：百工纪）［M］. 北京：中华书局，1985：77.

二、布衣百姓的乡野生活

上海在明中叶号称“小苏州”，到清道光年间因洋货聚集而有“小广州”之名，地位不十分起眼，却因为本身的乡野味道显示出独特之处。“田田莲叶发红蕖，山槛林亭面面疏。淡饭粗茶随分足，好留异代子云居。”（清·王鸣韶《练川杂咏和韵》）作为江南诗性精神的一种生存状态，上海没有大都市的精细与雅致，其务实艰辛的生活方式透露出中国士大夫最传统的理想生活状态，甚至艰辛劳作的图景在诗人笔下也成了“寒江夜钓”的盎然诗意：“晴湖月夜白船划，腊酒陈家老店赊。箬帽蓑衣风雪里，寒江惯把黑鱼叉。”（清·陈祁《清风泾竹枝词》）

1.“食”之农家味

“鱼味吴乡天下知，庖人应讶客归迟。漫思鲈脍秋风起，又是河豚欲上时。”（清·顾翰《松江竹枝词》）鱼虾蟹蛏是江南水乡的珍品，也是上海的特产，“儿童结网扳罾去，鱼蟹多来不用钱”（清·吕克孝《田家月令》），但各地对此的消费方式却各有特色。如清人李渔在《闲情偶记·饮馔》中描写苏杭大城市人吃蟹极为讲究，可谓江南饮食的审美典范，他说：“予嗜此一生，每岁于蟹之未出时，即储钱以待。因家人笑予以蟹为命，即自呼其钱为‘买命钱’。自初出之日始，至告竣之日止，未尝虚负一夕、缺陷一时。同人知予癖蟹，招者饷者，皆于此日，予因呼九月十月为蟹秋。虑其易尽而难继，又命家人涤瓮酿酒以备糟之醉之之用。糟名‘蟹糟’。酒名‘蟹酿’，瓮名‘蟹瓮’，向有一婢，勤于事蟹，即易其名为蟹奴，今亡之矣。”当时的上海人则要随意得多了，“横泾小蟹号金钱，较似青溪味更鲜。细切橙丝携橘酒，常来三泖问渔船”。（清·黄霆《松江竹枝词》）不用多么精细的制作过程，不用多么考究的盛放容器，只要一壶乡野小酒，三两只清蒸小蟹，就可以引得人们四处寻访渔家翁，将“把蟹下酒”视为一种享受。

上海的酒市也不同于苏州的繁华，显现出它独特的精神特征。清人袁学澜在《姑苏竹枝词七言绝句一百首序》中说苏州：“夫吴中素号繁华，袂云汗雨，珠服玉馔，宴会则酒池肉林，第宅则连疆兼巷，奢靡之风至今犹昔。”其酒市之热闹以词为证：“十家点缀三茶室，一里参差数酒楼。……仙人塘畔酒家翁，佳酿陈陈瓮尽丰。载向市廛零趸卖，乞儿都醉状元红。……三鲜大面一朝忙，酒馆门头终日狂。天付吴人闲岁月，黄昏再去闯茶坊。”（清·章法《竹枝词·艳苏州》）与苏州繁华的酒楼相比，上海地区多的是小酒坊。“刘家坊里酒如何，泖水溶溶泼碧波。小醉江乡十月白，茅檐扶出醉人多。”（清·陈金浩《松江衢歌》）甚至是席地而坐，也能得到最好的享受。“杨树滨头船正开，桃溪西北看花来。主宾一笑藉草坐，美酒千钟烂醉回。”（清·王鸣韶《练川杂咏和韵》）在这里，没有紧张的生活节奏，没有太多的财富追求，放眼只有落花与流水，“江村白酒”亦能让人“兴陶然”。在词人眼里，村酿丝毫不逊于琼浆玉液，“糟床一夜滴新茑，注向瓷罂烂醉休。村酒休嫌十月白，冲寒胜似鹔鹴裘”。（清·王鸣盛《练川杂咏》）而且它也是出游踏春时的佳侣，“茅柴压酒最清甘，醉踏郊原春色酣”。（清·钱大昕《练川杂咏和韵》）甚至人们认为这种生活的惬意超过了苏州，“面面高楼沉水涯，八时桥里小船儿。郁金香买石家好，赛过苏州招酒旗”。（清·陆遵书《练川杂咏》）从经济水平上讲，上海只是苏州的一个卫星城，但它在努力向苏州靠拢的同时，一直保存着浓郁的乡村气息。“千株云锦照江沙，沙上青旗卖酒家。……黄家渡西多好春，黄家渡头酒能醇。看花吃酒唱歌去，如此同流有几人。”（明·袁凯《竹枝歌江上看花作》）而这种洒脱是在大都市中无迹可寻的。

2.“用”之务实性

上海人生活中注重实用性大于审美性的特点可从竹枝词中反复出现的“船”和“棉”两个意象来分析。

“船”是江南水乡生活不可或缺的部分。“家住越来溪上头，胭脂塘里木兰舟。”（元·杨维桢《吴下竹枝词》）“淞江水碧碧于天，水上行人坐画船。”（明·袁凯《竹枝歌江上看花作》）由于苏州具有高度发达的城市经济和复杂的精神形态的因素，对苏州人来说，在“船”的实用功能基础上，它的审美功能被明显地强化了。“鹦架船娘诱客看，双翘自露绣红鸾。……游船齐泊野芳滨，日午笙歌绮席陈。……画舫相衔七里塘，烟花倾尽富家囊。”（清·袁学澜《续咏姑苏竹枝词百首》）对船的装饰程度甚至会盖过船上的人。袁景澜《虎阜观灯船记》云：“癸卯重午，余携家人观竞渡于虎阜，寓居青山桥畔竦云楼。楼，故吴閶灯舫群集之所也。每至日堕崦嵫，月澄川练，画鹢群翔，遨游水次。初时，一灯才上，晃漾波见，如骊龙戏珠，光摇不定。既而，棹师燃炬，万点鳌波，若宿海沸腾，精荧四射。其灯则结架盘空，高低掩映。篙工矫捷，橹柔手熟，乘流往来，凌虚舞动，仿佛鳌山之驾海。及其舣榜行觞，笙歌迭奏，船唇比接，不见村澜。近而视之，雕窗绮疏，雏姬列座，簉罗珍错，纸醉金迷；远而瞩之，火书银葩，芒侵珠斗，红云十里，影入星河，令观者夥颐挢舍，诧为靡丽。”[①] 但在上海人的生活中，船完全还是作为一种生产生活的实用工具，很少发挥它的精神审美作用，“渔船晒网泊菰芦，入市鱼腥何日无”。（清·陈金浩《松江衢歌》）相比于姑苏“行客登舻望虎丘，榜人乘夜唱苏州。旧是吴王歌舞地，至今弦索满朱楼”（明·屠隆《江南竹枝词十首》），上海只有“西佘名园胜辟疆，歌残新谱口脂香。秋娘珠串飘零尽，妍稳廓空夜月凉”。（清·李延昰《九峰作》）由于地理环境变化巨大，而且长期处于权力边缘，所以没有沉重的历史负担。上海对于过往的历史，不会有“商女不知亡国恨，隔岸犹唱后庭花”的哀怨；相反，面对现实，追求高质量的物质生活更容易得到世人的推崇。在诗人眼里，开埠前的上海简直是一个世外桃源，“紫蟹肥时菊有霜，红莲登岸白莲香。何人漫说桃源好，便是桃源是异乡”。（明·顾清《曲水村棹歌》）甚至只是“鸥鸦噪杂”的乡野之音，“一鞭残照吹横笛，蚕豆青青麦半黄”（清·黄霆《松江竹枝词》），也成了诗人耳中的飘飘仙乐。

丝与棉本身就是两种完全不同的材质，它们所体现的审美趣味当然也各有特点。作为吴地文化中心的苏州，向来追求精巧细腻、奢华雅致的生活。“吴中女子真无赖，暮暮朝朝换装束。去年袖带今年窄，今年典尽不须赎。”（清·宋徵璧《竹枝词》）可以说他们对于时尚的消费已经与当代

① 袁景澜. 吴郡岁华纪丽［M］. 南京：江苏古籍出版社，1998：215－216.

人无异。“当时的‘苏’字不仅是苏州的简称，也是一种时尚符号。”[①] “苏绣”就是典型代表。丝绸的精致与不菲的价格体现出当时苏州人的消费态度，“绢帛绫绸叠满箱，将来裁剪做衣裳”。（明·邝璠《剪制竹枝词》）奢侈消费自有其大规模生产作后盾。因种桑所得数倍于种稻，又以一月之苦而抵植棉种稻的半年之劳，因此入清以后，吴县“贫家富家皆以养蚕为岁熟”。（清·王维德《林屋民风》卷七：民风）到清乾隆年间，“丝绵日贵，治蚕利厚，植桑者益多。乡村间殆无旷土，春夏之交，绿荫弥望。通计一邑，无虑数十万株云”。（乾隆《吴江县志》卷五：物产）而上海作为棉布之乡，广泛种植棉花、开展棉纺业。棉布没有丝绸细腻、精致，价格也要低廉许多。因此，上海地区的平民更多的是抱着“村妆不羡衔珠凤，只买荆钗数布钱”（清·陈金浩《松江衢歌》）的量入而出的消费观。

第四节　新旧杂糅的民俗风情

一、传统的风俗习惯

开埠前的上海一方面继承了吴地的传统文化心态，另一方面又与苏杭精致的诗意性审美方式存在一定的差距。试举两个方面加以分析。

1. 大俗大雅的民间娱乐

世间有一种极善的俗，不刻意追求所谓的“高雅”，也不刻意避免被人视作“世俗”，只是顺其自然、心融于天，率性而为却不放纵，心法自然而无人为。这样的人、这样的行为十分普通，普通到看起来“俗”的地步，但又因其自然和谐而十分特殊，以致有“雅”的味道，开埠前的上海地区恰恰处处充盈着这种味道。

---

① 罗苏文. 上海传奇——文明嬗变的侧影（1553—1949）[M]. 上海：上海人民出版社，2004：16.

地处江南水乡，生活中离不开“河”“船”，故而民间传统娱乐项目中必不可少的一项就是“竞渡”。

汪家渡头龙舸划，凌家渡头人喧哗。无数湘帘看放鸭，酒船公子斗豪华。（原注：午日，浦滨竞渡，酒船放鸭，划舟人捕之，鸭泅人亦泅。清·李行南《申江竹枝词》）

龙潭五月聚龙舟，酒瓶随波没鸭头。不及闵行喧夜渡，烧灯荡桨唱吴讴。（清·陈金浩《松江衢歌》）

端阳时节闹龙舟，倾动城乡士女游。灯火夜来齐点满，还夸锣鼓胜苏州。（端阳龙船从前间或有之，不过两只，今则多至十数只，夜又继之以灯。清·瞿中溶《续练川竹枝词》）

狂欢式的热闹场景给贫乏的乡村生活平添了许多生气。词中人们很自觉地把自己与经济文化中心做比较，攀慕之情溢于言表。那么，当时被标榜的山塘竞渡又是怎样的一番情景呢？“龙船，阊、胥门，南北濠及枫桥西路水滨皆有之，各占一色。绣盖霓旗，四围遍列。舱中鼓乐笙箫，粗细间作。……画舫游客争买瓦罐掷诸河，视龙舟中人入水泅取，以为娱乐，曰砮罐头也。取罢受赏，曰做胜会也。其时，先有船长手执五色旗插画舫楣，诸龙舟视旗插处，必回向盘旋，曰打招也。于时，水珠飞溅，鼓乐杂奏，画桡鳞次，聚观曼衍，彩旗飐空，锦标悬竿，波起龙跃，云摇风举，往来倏忽，粲如霞锦。……童孩戏耍之具，吴人见惯弗异，远客偶睹，张目哆口，移晷弗去。商贩贸易，所在成市，半月始罢，总之曰划龙船市也。至于阳乌寝耀，燃灯万盏，烛龑成山，月波摇白，尤为奇观，则称灯划龙船。郡中踹布坊人群操小舟，鸣金伐鼓，划桨如飞，错杂其间，则称烟囱龙船，嘈聒可厌，而彼自为乐也。”[①] 两相比较下来，显而易见上海地区的“竞渡”游戏方式比较单一，配套服务也没有大都市里的讲究，但欢乐的气氛却丝毫不见少。

江南水乡河道纵横，农田广袤，沼泽湿地很多，这为蟋蟀的繁衍创造

① 袁景澜. 吴郡岁华纪丽［M］. 南京：江苏古籍出版社，1998：179－180.

了较好的自然生存环境，生活稍有富足的人家都对之乐此不疲。

促织鹌鹑各逞雄，吴侬杂戏效儿童。千钱携到开场斗，共展氍毹斗室中。（清·王鸣盛《练川杂咏》）

轻平蟋蟀重平银，结伴登场秋兴新。抛去花枝才歇手，提囊又约斗鹌鹑。（清·陈金浩《松江衢歌》）

金风花开玉露中，戏将纤指染深红。郎从北市桥边过，试买新雕蟋蟀笼。（原注：蟋蟀之戏，近日盛行，至有倾家荡产者。清·黄霆《松江竹枝词》）

此地的日常娱乐以就地取材、精于图利为本，相比较听戏游寺、斗蟋蟀所费金钱、时间都少，可以在一天劳作之后或茶余饭后，用很少的时间进行；同时，斗虫之戏常常与赌博相联系，即使娱乐也精于计算利润，与上海人趋利的心态极为吻合。

2. 信巫喜祷的民间信仰

吴越地区自古就以信鬼神、好祭祀著称，《隋书·地理志》就说："江南之俗……信鬼神，好淫祀。"其他古籍中也多有所记载，上海虽亦如此，却要庞杂许多，"在长期的传承过程中，逐渐与在农事节令基础上形成的传统节日糅杂在一起，成为复合性的群众习俗活动"。[①]

自古以来上海地区以农为本，风调雨顺才有农业的丰收，所以当地人很重视春秋两季的迎神赛会：

香粳熟后共迎神，社舞村歌历几旬。最是丹青装点好，金山庙貌一番新。（清·程兼善《枫溪棹歌》）

秋成报赛乐年丰，社会多崇杨令公。迎送灵神兼卜兆，绿桑深处鼓隆隆。（原注：秋收后，遍处报神，俗呼做蜡。清·李行南《申江竹

① 吴祖德. 商品经济冲击下的都市节日——上海市区岁时信仰习俗［M］//上海民间文艺家协会. 中国民间文化——稻作文化与民间信仰调查. 上海：学林出版社，1992：114.

枝词》）

这种迎神赛会一般是由地方士绅和神庙住持共同发起筹办的，也可看成是一场全社会参与的狂欢节日。

上海因拥有良好的经济基础，使得城乡居民都热衷于对各神灵的祭祀以及相关的赛会等活动。“小小团圆廿四糖，东厨司命去堂堂。乡傩古礼今犹见，竹条金钱跳灶王。”（清・陈祁《清风泾竹枝词》）“江村社鼓响咚咚，秋赛潮神曲未终。漫说稻田曾化蟹，神鸦飞舞啄蝗虫。”（清・陈金浩《松江衢歌》）在这中间，信仰行为中对人自身之外力量的崇拜和不可名状的情绪的寄托已经不是活动的主要成分，活动中主要反映的是人们社会生产交往中的多重性要求，比如，交友的需求：“盂兰胜会闹江城，姊妹街头踏月行。只恨地灯沿路点，照人莲步太分明”（原注：七月十五日夜，各寺作盂兰会，街头点放地灯，游人通宵不绝，俗称“地藏王开眼”，或曰私祭吴张故事也。清・丁宜福《申江棹歌》）；娱乐的需求：“四月清和兴未赊，白夫人诞最繁忙。上忙国课催郎纳，新令今年又赏花”（原注：四月十二日，俗传南汇城隍神白夫人寿诞，演剧祭赛，商贩云集。清・丁宜福《申江棹歌》）。

离府城较远的乡村居民在生活中不仅敬神，也深信巫医。“门上多粘却鬼符，人家祈祝信师巫。念觳更倩优婆塞，至竟亡魂有益无。”（清・李行南《申江竹枝词》）这既缘于深厚的吴越风气积淀，更是由于当时当地医学还不够昌明之故，“方书药性记参苓，今日医无秦景明。云惨雨昏秋祭鬼，村村巫鼓不停声”。（原注：近时名医绝少，乡农信巫喜祷。清・陈金浩《松江衢歌》）而后果就是“鬼能通语咒能医，黠妇重瞳两出奇。比屋一时齐附和，不徒村落诳无知。”（清・曹瑛《高行竹枝词》）参与者大多是贫苦的农村妇女，借鬼神而慰藉心理。这也可以从一个侧面来证明为什么上海地区是天主教最早传入的地区之一了。

二、鱼龙混杂的新异世界

有学者称：“外来人口、商品的大量涌入上海地区，大大地开放了上海人的胸襟、意趣和视野，而与商贸发展相伴而来的经济心态和生活方式则冲击着传统的文化心态和生活方式。男耕女织、家传户诵的气氛中一点点地渗进了新异的气息，融入了别样的内容。大概就从那时起，上海人渐渐养成了一种习惯，吐故纳新，对外来人、物宽容接待，对新鲜事物异常欢喜。上海地区风俗文化上表现出的这种宽容性与开放性，某种程度上，影响着近代上海地区社会经济、文化发展的走向和风格。”①

1. 开放宽容的胸怀

尽管江南地区水域分布广泛，地狭民稠，尤其是在明、清两代，土地的开发利用已达到了极致的情况下，农村剩余人口多有流入城镇从事短期佣工这样的情况。但是远赴他乡谋生或经商远行的，除了前文言及的上海县商人外，极为稀少。“客来东粤与西秦，裘葛推车到海滨。只有郎如双翠鸟，柘湖惯出比肩人。”（原注：松人远贾者少。清・陈金浩《松江衢歌》）“经年远商”的情况颇为罕见。在城市和乡镇地区，一般从事乡村集市贸易经营的也多非本地人。“闽商粤贾税江关，海物盈盈积似山。上得糖霜评价买，邑人也学鸟绵语。西客囊金作布商，衣冠济楚学苏扬。只留饮食传风俗，熬釜朝朝饼饵香。”（清・李行南《申江竹枝词》）

由明代松江府分县户口数及每户平均口数可知，雍正至嘉庆年间，此地人口出现了暴发性的增长，那是因为优越的地理环境不仅留住了本地人，而且也吸引了大量的客商，因此上海人外出打工的人数不多，从各地涌入上海的人却为数不少。在上海县城里，东部业商，西部务农；东部来自闽、粤、鲁等沿海地方，西部为本地人；东部富，西部穷。在城市公共事务中，外来商人担当着重要角色。因此，开埠以前，上海已经形成对外来人口比较宽容的特点。“上海开埠前，已出现十二个同乡组织和十八个同业团体。前者成立较早且势力较大的有：1757 年建立的泉漳会馆，由来自福建泉州、漳州两府的商人所建；1759 年建立的潮州会馆，最初仅由三个县的粤籍商人建造，半个世纪后府属其他各县商人接踵来沪，势力大

① 尹继佐. 培育上海城市精神.2004 年上海文化发展蓝皮书［M］. 上海：上海社会科学院出版社，2004：32－33.

增，在1812年重建了潮州八邑会馆；1830年前后建立的山西会馆，早期是山西行栈商人同乡组织，等等。后者如京货帽业公所，由从事经营北京帽业的商人建于1771年；米麦杂粮业公所，由江浙粮商建于道光朝期间，等等。"[①] 上海开埠以后，西人来沪，能够在上海打开局面，而在广州等其他口岸却难有作为，与上海居民比较宽容有很大关系。

从明清两代男妇数的比较可见，女子数在社会总人口的比例中节节攀升。原因之一是："康熙中期，一匹标布值银二钱，农家妇女每日可织布一匹，以'棉三斤织布一匹'的当时普遍标准计算，扣除工本银九分（以百斤棉值银三两计），净余银一钱一分。这就意味着：一个妇女劳动力以半月时间织就十五匹布，其收益相当于一亩稻田一熟的产量和收益。清初一般农村短工，每天的工食银只有五分，农家妇女一日织布所得竟高于短工工资的一倍。"[②] "一般农家，田里收获只能输赋偿租，未到年底，已无余资，故生活赖妇女纺织。"[③] "茅檐犹有古醇风，纺织家家课月红。博得机头成匹布，朝来不怕饭萝空。"（清·祝悦霖《川沙竹枝词》）颇高的手工业收入对提高妇女地位有深远意义，甚至她们有闲钱为自己买些零食："堂开八月相公门，游女纷来远近村。积得纱钱余几个，头携红柿爱铜盆。"（清·沈蓉城《枫溪竹枝词》）掌握了纺织的技术，不仅提高了当地妇女的生活水平、社会地位，也为近代中国民族企业特别是民族纺织业在上海的繁荣壮大提供了强大的劳动力市场。"我乡农妇向端庄，少女专求纺织良。自设缫丝轧花厂，附膻集粪蚁蝇忙。"（原按：上海开埠后，近郊农业逐渐破产，平民为求生计，不少妇女进工厂做工，而有守旧思想的乡绅以为败坏风气。清·秦荣光《上海县竹枝词》）

2. 重利轻礼的恶习

据《康熙松江府志》载，万历二年（1574年）上海县的户数为117 700户，"每户按明代平均三口计，则全县人口约为33万余，人口密度

① 施宣圆. 上海700年：修订本［M］. 上海：上海人民出版社，2000：238.
② 樊树志. 乌泥泾——绫布二物，衣被天下［M］. 上海：复旦大学出版社，1993：30-31.
③ 顾炳权. 上海风俗古迹考［M］. 上海：华东师范大学出版社，1993：248.

为每平方千米 207.4 人。……嘉庆十五年分置川沙厅后，县的面积缩减为 557.8 平方千米，全县人口的平均密度已增至每平方千米 945.3 人……较明代嘉靖时期增长了 7.7 倍。”① 人口密度的增大，必然会产生近代城市独有的社会现象。

其一，尚武好斗为吴越古风，作为吴越文化的后继者，江南文化在其后世发展过程中，却趋于文雅、精致，渐渐摒弃了勇武古风。民风由好斗变为好讼，“江以南多健讼者，而吴下为最”。（清·沈起凤《谐铎》卷五）但上海县“民气易动而寡静”（嘉庆《上海县志》序），这是汹涌壮阔的大海铸造出的性格。濒海之民“多尚拳勇，什佰为徒，各分党翼，凡细事相争，逞其膂力，持械角斗，名曰打降，此皆濒海恶习”。（清·嘉庆《直隶太仓州志》卷十六：风土）“紧身窄袖半洋装，非勇非兵躯干强。马夹密门绸纽扣，成群结队荡街坊。头上前留发下披，快靴脚着杂绒呢。刀名插子又锋快，出手伤人血涌时。”（清·秦荣光《上海县竹枝词》）之后的事实证明，城市地痞流氓在上海滩的生命力远远出乎人们的想象。

其二，旧志称上海妇女：“庄洁自好，无登山游寺冶习”“井臼余供纺织。”② 但是城镇化水平的不断提高以及人口的快速流动，对原本淳朴的民风产生很大的震动，传统封建观念受到了冲击：

花鼓淫词蛊少孀，村台淫戏诱乡郎。安排种种迷魂阵，坏尽人心决大防。（清·秦荣光《上海县竹枝词》）

茶楼酒肆说书场，歌妓伎童共土倡。俗尚独能存古朴，此风端的胜他乡。（原注：茶坊酒馆、弄童土倡，高行尚无此恶习，殊堪述也。北至高桥，不可问也。清·曹瑛《高行竹枝词》）

倚门卖笑不知羞，款客当炉杂女流。廉耻四维浑忘却，直教村妇羡娼楼。（原注：邑最五方杂处，土娼向多，女教之坏实由于此。清·秦荣光《上海县竹枝词》）

---

① 褚绍唐. 上海历史地理［M］. 上海：华东师范大学出版社，1996：89－90.
② 顾炳权. 上海风俗古迹考［M］. 上海：华东师范大学出版社，1993：449.

娼妓业在这片土地上得到了空前的发展，简直达到了继承苏扬之风后的狂欢时代。

正所谓，民情厚、风俗醇，国家于是安定；民情伪、民俗浇，社会多生变乱。上海地区风俗民情的变化也预示着开埠后中国大地上的一场大变革的到来。

城市是理性的、世俗的，具有较大的容忍性和较高的隐秘性，崇尚效率、实惠、功利主义，感情比较冷漠；而乡村是感性的、传统的，注重传统伦理规范，交往范围狭窄，对血缘关系、地缘关系更为珍视，情感交流方式单调直接，办事效率不高。

古代上海以其独特的地理位置，造就了不同于苏州的社会风貌，它在追赶当时的经济文化中心时，始终从自己的自然环境和经济条件出发，抓住时机把上海从一个小渔村发展成为江南二级市镇，并在此过程中，努力保留上海传统的文化资源，传承上海独特的精神气质，为今天上海城市文化基因的解码留下了许多宝贵的线索。开埠前的上海，特别是设县较早的嘉定、松江两县，其精神特质上与苏州相近，其他地区则因为环境的恶劣可能在城市化水平上稍逊于它。因此，广义上的上海，其早期的精神特质具有多样性，可以说是从乡村文化一步步走入城市文化的一个中间态，其中有些特质被一代代承继下来，有些则在历史的变革中消失了，但并不是所有的精华都得到了传承、所有的糟粕都遭到了摒弃。在今日努力建设上海城市精神的时刻，我们可以追寻一下先贤们的脚印，寻觅到这座国际大都市最初的精神母体。

第三章
姑苏——江南都市“温柔乡”

苏州，最初称作阖闾城，相传为公元前514年吴王阖闾命楚国叛将伍子胥所筑，距今已有2 500多年的历史。三国纷争时代，吴国大力兴办屯田、兴修水利、建筑城池，被形容为“带甲百万，谷帛如山，稻田沃野，民无饥岁，所谓金城汤池、强富之国也”。[①] 至隋开皇九年（公元589年），隋灭陈，废吴州，以姑苏山名之，始称苏州。苏州建城早，规模大、变迁小，水陆并行，河街相邻，古城区至今仍坐落在原址上，为国内外所罕见。这座被誉为“东方威尼斯”的古城，一直是江南水乡粼粼波光中闪耀的一颗明珠。

第一节　苏州城市格局与江南运河

“吴为水国，陂泽棋置，川渠网络，利足于注灌、运输，舟楫四达，岂非富庶之资。”（民国《吴县志》卷四三）苏州城自古以来就处在太湖出水口的要道。因此，城内城外河网密布，给农业灌溉及交通运输带来了极大的便捷。明清时代有一篇《苏州赋》歌道：“水村山郭，沃壤平原，洲渚相间，阡陌相连，柴门流水，茅店青帘，樵歌牧唱，农舍钓船，云帆浪楫，蟹簖鱼筌，鸟飞屏外，人行画边，渔郎声峭，莲女貌妍，所谓水云之

① 陈寿. 三国志：下［M］. 北京：团结出版社，2002：1140.

乡、稼渔之区者欤。”（民国《吴县志》卷一八：疆域）

除了太湖和长江这两大天然的水系之外，人工修建的京杭大运河也经过苏州。

早在2000年前苏州与大运河就已结下不解之缘。公元前495年，吴王夫差大兴水工，在苏州西北部向西开掘了一条全长170余里连通长江的运河。汉武帝时，由于要征调闽越贡赋，又从吴江开凿了接通嘉兴至苏州的运道。如果说到此时开凿的工程还只是些零星河道，那么三国时期，孙权在赤乌八年（公元245年）开凿的第一条沟通长江与钱塘江两大水系的纵向人工河——破岗渎，则可以称为江南运河的真正前身了。破岗渎的开凿在大运河建设史上占有重要地位，无论是工程开凿水平、航道设施完善程度，还是它的运载能力，在当时都是独步中外的。由此，苏州城在运河上的地位越来越特殊起来。至隋唐大运河疏浚后，苏州不仅毗邻太湖，更处于江南运河与娄江（今浏河）的交汇处，拥有了内河航运与海上交通的便利条件，完全是江南运河的中心。

同时，运河苏州段的开凿还巧妙地利用了原有的湖泊与河道，史载：“苏郡多水道。”苏州真正是一座水做的城市。宋时，苏州城内河道总长达82千米，有被称为“三横四直”的水系脉络和有调节水位的七堰八门，并且河道与街道平行，商号店铺密布两岸，完全是“家家门外泊舟行”的水乡格局；城外则有由“太湖三江”及京杭运河构成的主要水系脉络。由此才造就了与苏州城如此浑然天成的水域系统。

古典名著《红楼梦》一开头这样写道：“当日地陷东南，这东南一隅有处曰姑苏，有城曰阊门者，最是红尘中一二等富贵风流之地。”其实，早在春秋时期，“吴市”就已据三江五湖之利而闻名遐迩，汉时成了响当当的东南大都会。隋唐大运河的拓浚，进一步促进了苏州的商业繁荣和市场发展，到明清时期其商业已处于全国领先地位。其中，阊门、胥门、山塘街一带，商贾云集，是全国最繁华的地方之一，阊门更是被喻为“天下第一码头”。“江南四大才子”之首的唐伯虎有首《阊门即事》诗，其中写道：“世间乐土是吴中，中有阊门又擅雄，翠袖三千楼上下，黄金百万水西东！五更市贾何曾绝，四远方言总不同，若使画师描作画，画师应道画难工。”事实上，阊门的繁盛正是出于枕着运河的缘故，便利的水上交通，给商业的大规模发展提供了可能。难怪苏州人把阊门看成是苏州繁华之最，称之为“金阊门”。清人刘大观曾比较评论运河南端3座名城的风貌时也说：“杭州以湖山胜，苏州以市肆胜，扬州以园亭胜。三者鼎峙，不可轩轾。”

然而，苏州不仅是典型的大运河水网城，也是“千桥之城”，城内桥梁遍布，共有桥1 153座，是我国河、桥最多的城市。唐时，苏州的桥梁均为木质，故白居易诗中有“红栏三百九十桥”之说，但因木质易腐烂，入宋以后，都改成了“工奇致密”的石桥。在苏州，古桥仿佛就是这座城市的街头雕塑，在这里水有多少，桥就有多少。“春城三百七十桥，夹岸朱楼隔柳条”，不夸张地说，苏州简直到了百步一横桥、五十步一竖桥的地步。悠长的岁月告诉我们，正是这些苍颜斑驳的古桥，给苏州增添了无限生动和绵延的韵味。我们真的不能想象，没有了这些桥，苏州还会是个什么样子。

其中，知名度最高的无疑是枫桥了。“月落乌啼霜满天，江枫渔火对愁眠。姑苏城外寒山寺，夜半钟声到客船。”由于《枫桥夜泊》这首诗的缘故，枫桥成了中国最著名的一座文化桥。吟咏枫桥的诗篇，不知其数。更是因为“诗里枫桥独有名”，千百年来，凡来苏州游览的人，都要到枫桥来实地领略一下它的诗情画意。枫桥为什么能给这些骚人墨客留下如此深刻的印象？其实，在隋唐以前，枫桥并不出名，也没有人题咏过，直至隋炀帝大业六年开江南运河，与北段大运河相连，枫桥才开始被人注意。乐天诗云“平河（指运河）七百里，沃壤两三州”，说明运河对沿途灌溉和开发是一大促进；而苏州又是大运河的重要枢纽，枫桥地处苏州西南端，离城仅五六里，所谓“枕潜河，俯官道，南北舟车所从出”之处，因此便成了四方商旅最理想的停息之地。由于官商船舶经常停泊，商店林立，枫桥慢慢就成了米豆、丝绸、布匹、茶、竹等商品的集散地，吸引了无数南北客商。官府还派员在这里检查南来北往的船只，并设有标准粮斗，俗称“枫斛”。直到明末清初，苏州还流传一首俗谚：“探听枫桥价，买物不上当。”可见唐代以来枫桥市面的繁荣程度。

苏州人的另一骄傲，是被誉为“吴中第一名胜”的虎丘。虎丘与苏州城的交通联系，在古代以水上交通为主，苏州城内以城河为条件沟通虎丘与运河。明清时期运河既与苏州城濠、城内河相通，又与绕虎丘而北的长荡相通、与虎丘山塘水相通，所以在虎丘与城内相通的诸渠道中，运河也占有重要地位。

姑苏繁华，萃于金阊；吴中胜景，虎丘称最，两者一线相连，是即山塘。

山塘街依河而建、临水而筑，也是姑苏城一个不可小觑的地标。晚唐诗人杜荀鹤曾诗云：“君到姑苏见，人家尽枕河。古宫闲地少，水港小桥多。”苏州城内水港交错，街衢纵横。在众多的街巷之中，这条有着 1 100 多年历史的山塘街被称誉为“姑苏第一名街”。

山塘的开街人当属白居易。公元 825 年白居易到苏州任刺史，此后的 17 个月里，他的身影飘忽在苏州的大街小巷，终日呼朋唤友，览奇观胜，把酒吟风，醉花邀月。一日，他坐了轿子到虎丘去，看到附近的河道淤塞，水路不通，回衙后，立即找来有关官吏商量，决定在虎丘山环山开河筑路，并着手开凿了山塘河。山塘河东起阊门渡僧桥附近，西至虎丘望山桥，长约 7 里，有“七里山塘到虎丘”之说。山塘河又在阊门与运河相接，大大便利了灌溉和交通。南北商人汇集于此，使这一带也成了热闹繁华的市井。

第二节　苏州的城市经济与生活情趣

清代文人袁景澜有《吴中行乐歌》，对在苏州城市生活的丰富乐趣有着细致描述：

> 江南人住繁华地，雪月风花分四季。新年旗队看迎春，元夕鳌山明火树。弦管千家咽暖风，六门灯彩射云红。踏歌游女衣妆靓，步月王孙剑珮雄。落灯风起银蟾没，鞦韆戏近中和节。蛤蜊上市载芳樽，共来铜井寻香雪。清明烟柳遍横塘，士女嬉春乐水乡。六柱红船沸箫管，灵岩虎阜去烧香。昨过踏青榆荚雨，山塘喧聚龙舟鼓。酒幔齐悬珠串灯，水嬖争摇琵琶橹。榴花开后放荷花，水榭凉亭障碧沙。冰山

影里人如玉，浴罢金刀破翠瓜。赫煜火云犹未已，梧桐井上商飚起。鹊桥银汉渡双星，乞巧穿针明月底。桂轮飞影耀中秋，十番乐奏剑池头。一声玉笛穿云阙，七里珠帘卷画楼。风雨重阳治平寺，登高把菊藏钩戏。橘枝早染洞庭霜，香粳又熟湖田穟。园林瑞雪白银铺，暖阁安排煮酒炉。销金帐掩梅梢月，浅酌羊羔唱稚奴。四时乐事更番换，年去年来争赏玩。黄金难铸镜中颜，人世抟沙容易散。君不见上天堂下苏杭，人生到此真仙乡，好向南朝四百八十寺，醉过百年三万六千场。

丰富的物质环境和繁华的都市生活，和如今的大城市毫无差别，在当时也吸引了全国各地的财力和人力，促进了苏州手工业和商业的兴盛发展，同时促进了会馆的繁荣兴盛。

苏州会馆的出现是商业贸易发展的必然要求。苏州手工业繁荣的同时，商贸业也迅速发展，各地的货物云集于苏州，经过贸易交换，再转输、分流到周边地区。明末清初，苏州是当时工商业最发达、商品经济最繁荣的地区。苏州商业的繁荣，吸引了全国各地商人前来贸易，各种会馆的蓬勃兴起，正是苏州在当时全国所居经济显赫地位最真实的反映。

各地商人在苏州兴建会馆的具体目的是多种多样的，如提供聚会场所以团结同乡，其目的是要以聚合同乡的集体力量来保护自身的利益；如兴建祠庙，祀奉神，也意在“以事神而洽人”，借助共同崇拜的偶像来维系和增进同乡之间的感情，并祈望获得神佑，取得生意上的成功。设立会馆，也是为同乡商人提供了一个讲公理的裁判场所，一旦发生纠纷，可以在此相究以道，化解矛盾，规避风险，相尚以谊。从城市文化的角度看，正是苏州城市中的亲商、重商风气，使得来自全国各地的工商业主有着宾至如归的良好感觉，在异乡的土地上放手创业致富，由此也培养出一代又一代的新苏州人，不断积淀苏州城市文化中亲商的因素，张扬苏州城市文化中开放的风气和务实的风格。[①]

因经济与商业的异常发达，明清时期，整个江南地区私人住宅园林化

① 严明. 苏州城市文化发展启示录［J］. 河南大学学报（社会科学版），2007（5）：2-7.

的建筑风气普遍流行，苏州是典型代表。据清人记载，苏州城内私家园林最多时达到271处，有“城里半园亭”（清·顾禄《清嘉录》卷二）的说法。这些私家园林都与住宅前后相连，大部分小巧玲珑，适可而止；少数富豪则竞相攀比，炫耀斗富，园林面积广至数顷，精心构建亭台楼阁，耗费白银何止千万两。明代何良俊曾批评当时的私家建园风气：“凡家累千金，垣屋稍治，必欲营治一园。若士大夫之家，其力稍赢，尤以此相胜。大略三吴城中，园苑棋置，侵市肆民居过半。然不过近聚土壤、远延木石，聊以矜眩于一时耳。”（明·何良俊《何翰林集》卷十二）然而，社会风气虽有斗富炫耀，但苏州民居和园林的建筑很少用浓艳色调，大部分都是黛瓦粉墙，黑白两色，显得清新素雅。叶圣陶先生在《拙政诸园寄深眷》一文中写道：“苏州园林与北京的园林不同，极少使用彩绘。梁和柱子以及门窗阑干大多漆广漆，那是不刺眼的颜色。墙壁白色。有些室内墙壁下半截铺水磨方砖，淡灰色和白色对衬……这些颜色与草木的绿色配合，引起人们安静闲适的感觉。”[①] 这种淡雅色调，配以桃红柳绿的花木背景，显示出苏州民居娴静优雅、宜居舒适的意境和氛围，以及苏州人追求的和谐自在、天人合一的生活情趣。

第三节　苏州的城市艺术与戏剧化民俗

人常说：“上有天堂，下有苏杭。”若把西湖比作“销金锅”，那么姑苏城无疑就是“温柔乡”了。李渔就曾在虎丘听过“婉丽妩媚，一唱三叹”的昆曲之后不禁感叹：“一赞一回好，一字一声血，几令善歌人，唱杀虎丘月。”

昆曲发源于苏州昆山一带，流传至今已有600多年的历史，到明清时期，被奉为“中国戏曲之母”，代表了中国戏曲的最高水平。它那曲折婉转的唱腔，笛琴和鸣的伴奏，严丝合缝的表演，忠实地体现了江南人的审美观。也只有昆曲，曾在中国历史上掀动了民族集体审美的一个波澜。每

① 李景彬. 叶圣陶代表作［M］. 郑州：黄河文艺出版社，1987：333.

年中秋月下，成千上万的痴迷者在苏州名胜虎丘，彻夜高唱昆曲。万历年间昆曲的影响已通过水路从吴中扩展到江浙各地；再以后，这一原先只是“止于吴中”的地方曲种，很快沿运河走向北京，沿长江走向全国其他地方，成为当时影响最大的剧种，并形成了地域性的风格，如川昆、浙昆、苏昆、北昆和沪昆等。当时的昆曲清唱是个全民运动，上至王卿贵族，下至市井小民，对昆曲的热爱，由南到北，举国若狂。

苏州百姓对于戏曲的热爱，还体现在宗教仪式和民俗活动的戏剧化上。

苏州的民间宗教与江南的大部分地区一样，是以儒道两家为主，境内佛寺道观遍布，百姓的精神寄托及宗教习俗也大多集中在此。从明代以后，朝廷大力推广城隍庙，苏州的民间宗教活动大受其影响。“城隍”按照字面的解释就是城墙和护城的河，修建城隍（城池）而让居住在里面的民众安居乐业，免受外来的侵犯。将城隍神立祠祭祀，可以追溯到汉魏时代。唐代以后各郡府州县均立祠奉祀城隍，祈保地方平安。到了明代，城隍崇拜之风达到极致。明太祖朱元璋于洪武三年（公元1370年）诏封天下城隍，并规定各地城隍庙主殿的高广铺设，均参照阳间同级官衙设置，现存的苏州城隍庙便是那时建造的。

城隍的职责不仅要在冥冥之中守卫城池、保佑百姓，还要监察阳间的官吏是否清正廉明、赏善惩恶，即“鉴察司民”。作为苏州地方的保护神，城隍一般都是由生前有功于地方民众福祉的行政长官死后加封的。城隍老爷也和阳世的官吏一样，会随着时代新旧交替。苏州的城隍神，宋代之前为春申君黄歇。明清以后城隍神的易替趋于频繁，但信仰供奉之风日盛。清代袁景澜在《吴郡岁华纪丽》里对当时苏州府城隍庙香火之盛作了十二字的描述：“牲醴酬献，笙歌演剧，庙无虚日。”可见当时来城隍庙祈佑保福者，告痊拔状者，许愿还愿者，络绎不绝。

而当城隍信仰与当地的戏曲文化结合起来，就演绎出了一场场戏剧化的民俗活动。

吴中民俗每年清明、中元、十月朔三节最热闹。家家户户都要到城隍庙酬香祈愿，祝祷风调雨顺、健康平安。届时抬出本城城隍、土地神像游行祭拜，城里的男女老少纷纷参与，有人为消除自己及家族的罪愆而装作囚犯，身负枷锁，执香跟随，时称犯人香；一些闾里少年也粉墨登场装扮成僧尼、乞丐、遢妓、无赖汉的模样混迹其中，嬉闹取乐。一路上人流如织，吹弹杂奏，鼓乐震天。清人沈朝初《忆江南》词云：“苏州好，节序届清明。郡庙旌旗坛里盛，十乡台阁半塘迎，看会遍苏城。”这就好比是一场全民参与的大戏，观众同时也成了演员，每个人在戏剧化的节日活动中宣泄自己的情感与诉求。

而住在苏州四郊的农民，其祭神的方式与苏州城内略有不同，比如当时流行的“解钱粮”习俗。明初，国家祭祀体系中确立了城隍的地位，城隍制度作为定制，只有县级以上行政单位才有资格设立城隍庙。城隍神的性质，相当于“冥界的专门官僚”，其定制和现世的府、州、县相对应。但是明末清初以后，苏州地区各主要市镇都相继出现了镇城隍庙，而周边村落原有的土地庙，相对于新修的镇城隍庙则处于从属地位。每当镇城隍庙举行庙会之际，各土地庙负责将村中各家所征收来的钱粮上纳至镇城隍庙中，形成了独特的吴地“解钱粮”习俗。“解”在吴方言中就是“交纳”的意思。“解钱粮”习俗的过程是这样的：市镇四乡的农民，在市镇城隍庙或东岳庙的诞辰节庆时，向镇庙交纳铜钱或纸币，并抬着村庙神像到市镇参拜、朝集。这一活动，体现了世俗官僚等级制度在宗教信仰中的复制演化。而这种具有强烈表演性质的戏剧化的民俗活动，借娱神的名义而乐人，将苏州的艺术精神扩大、普及，进而得到了前所未有的发展。

如今，当我们悠游于这座被水包围的城市中，总能得到一份远离都市喧嚣的内心宁静。因为这里的古戏台依旧在日日上演着祖辈们聆听过的戏曲，老茶馆中祖辈曾饮用过的茶壶依然在飘散着醇郁的清香，黄酒汤里仍依稀可见祖辈酒意微醺的泛红脸庞。山塘河中微微摇曳的画舫里，伴随着吴侬软语的乐曲依然可以见到红袖添香划过的痕迹。枫桥上的故事顺着运河的水，潺潺地流向了大江南北，才子佳人在虎丘的恩恩怨怨也被善歌的人们到处传唱。

第四章
西湖——半城半郭“销金锅”

江南城市文化代表了我国城市在审美和艺术上的最高水准，是中国本土最契合马克思“人的全面发展”和“按照美的规律来建造”的思想文化谱系。作为世界知名的大都会，马可·波罗曾这样赞叹杭州：“行在（指杭州）之大，举世无匹。一个人可以在那里寻到这么多的乐子，简直恍若步入天堂。”① 显而易见的是，杭州一直是个极重享受的大都市。

丝竹管乐交织着暮鼓晨钟，穷奢极侈的销金锅子毗邻清冷幽静的寺庙禅院，在这个崇尚消费的富人天堂里，作为上层文化代表的诗人以中隐的人生哲学一边享受着华屋美服、炊金馔玉的艺术消费，一边追寻着清幽空寂、古朴淡雅的隐逸生活，在他们的诗性想象中，西湖成了都市人的精神家园。

第一节　长忆钱塘，不是人寰是天上

杭州作为江南文化的代表，其城市的历史悠久而独特。据史书记载，秦汉时期的杭州只是一座被称为“钱塘”的山中小县。（《史记·秦始皇本纪》：始皇“过丹阳，至钱唐，临浙江，水波恶，乃西百二十里从狭中渡”）隋大业14年（公元618年）凿通江南运河（即秦时陵水道，今上塘

---

① 谢和耐. 蒙元入侵前夜的中国日常生活［M］. 南京：江苏人民出版社，1995：29.

河），始置杭州郡，后改余杭郡，杭州才开始了真正意义上的城市发展史。刘易斯·芒福德（Lewis Mumford）在《城市发展史：起源、演变和前景》（*The City in History: A Powerfully Incisive and Influential Look at the Development of the Urban Form through the Ages*）中将“文化贮存、文化传播和交流、文化创造和发展”称为“城市的三项基本使命”。杭州之所以成为众多文人墨客的精神家园，离不开西湖对于这三项使命的出色完成。西湖的历史与杭州一样久远，秦汉时期的西湖尚与海相连，因位于武林山麓而被称为武林水；唐朝时，因其位于钱塘县境，官书文件上将它命名为钱塘湖，当地人因其位于州城之西而称之西湖。虽然对西湖的开发最初是出于解决杭城居民饮水之苦：“钱塘濒海，市民苦江水卤恶，难以安土，始凿六井、开阴窦、引湖水以资民”（清·傅王露《西湖志》卷一：水利），及郊区农户灌溉之用：“筑钱塘湖堤，贮水防干旱”（《宋史》卷九七：河渠志）的目的，但在疏浚开发的过程中，西湖因其秀丽的山水逐渐成为一个驰名遐迩的游赏胜地。清人陆以《冷庐杂识》卷六：“天下西湖三十有六，惟杭州最著。”西湖因三面环山，为山不高，为境不广，丘壑岩泉，曲折多变，层出不穷，而引人入胜。历代西湖诗词中以描摹西湖美景最盛，其中唐、宋两位大文豪白居易和苏东坡在杭州当地方官时留下的西湖诗词最令人称道：

湖上春来似画图，乱峰围绕水平铺。松排山面千重翠，月点波心一颗珠。碧毯线头抽早稻，青罗裙带展新蒲。未能抛得杭州去，一半勾留是此湖。（唐·白居易《春题湖上》）

水光潋滟晴方好，山色空濛雨亦奇。欲把西湖比西子，淡妆浓抹总相宜。（宋·苏轼《饮湖上初晴后雨》）

诗人笔下的西湖是妩媚而又缥缈的，“妩媚”所以游者人尽可亲，“飘渺”所以未到者心驰神往。而西湖之所以能成为杭州文化的象征，源于它为诗人提供了创作的灵感，具有刺激文化创作的功能：

自别钱塘山水后，不多饮酒懒吟诗。欲将此意凭回棹，报与西湖

风月知。（唐·白居易《杭州回舫》）

涌金门外断红尘，衣锦城边着白蘋。不到西湖看山色，定应未可作诗人。（宋·晁冲之《送人游江南》）

呼船径截鸭头波，岸帻闲登玛瑙坡。弦管未嫌惊鹭起，尘埃无奈污花何。宦情不到渔蓑底，诗兴偏于野寺多。明日一藤龙井去，谁知伴我醉行歌？（宋·陆游《自真珠园泛舟至孤山》）

没有西湖就没有诗人对杭州的想象，就没有读诗者对杭州的憧憬。由于“古代中国人很少将诗作纯文学来看……诗的文化功能一开始就压倒了诗的审美功能”,[①] 所以慕西湖之名而来的诗人在遍游湖山之际，也为杭州这座城市的文化定下了基调，成为对古代杭州城市文化的一种诗性想象与诗意表达，并在历史的传承中不断影响杭州城市文化的发展。

第二节　彩舫笙箫吹落日，画楼灯烛映残霞

杭州曾是世界知名的大都会，马可·波罗曾这样赞叹：“行在（指杭州）之大，举世无匹。一个人可以在那里寻到这么多的乐子，简直恍若步入天堂。”[②] 而其后不久的一曲元人小调更是极尽溢美之词：

里湖，外湖，无处是无春处。真山真水真画图，一片玲珑玉。宜酒宜诗，宜晴宜雨。销金锅锦绣窟。老苏，老通，杨柳堤梅花墓。（元·徐再思《朝天子·西湖》）

可以想象，诗中的杭州应是一个和现在任何一个大都市一样极重享受的地方。

① 刘士林. 中国诗学精神［M］. 海口：海南出版社，2006：8.
② 谢和耐. 蒙元入侵前夜的中国日常生活［M］. 南京：江苏人民出版社，1995：29.

西湖靠近都城，却不在城郭之内，显于山水，但也不是传统意义上的自然景色，这种“半村半郭”的定位注定此地不是六朝名士专享的清静之地，而是城市的一种延伸，游赏西湖是都市人生活的一部分，而湖光山色在明媚春光的陪伴下显得分外妖娆：

孤山寺北贾亭西，水面初平云脚低。几处早莺争暖树，谁家新燕啄春泥。乱花渐欲迷人眼，浅草才能没马蹄。最爱湖东行不足，绿杨阴里白沙堤。（唐·白居易《钱塘湖春行》）

“西湖天下景，朝昏晴雨，四序总宜。杭人亦无时而不游，而春游特盛焉。”[①] 对于普通百姓而言，游春踏赏是纾解城市紧张生活的最好方式，也是亲近自然，享受天伦之乐的安乐窝：

梨花风起正清明，游子寻春半出城。日暮笙歌收拾去，万株杨柳属流莺。（南宋·吴惟信《苏堤清明即事》）

户户游春不放春，只愁春去不愁贫。今朝道是游人少，处处园亭处处人。（宋·杨万里《寒食雨中同舍约游天竺得十六绝句呈陆务观》）

诗中表现了出城游湖的人群摩肩接踵、挥袂如云的盛况，寓居的诗人竟用主人翁的口吻将这一盛况介绍给久已远离辉煌灯火与繁华浮世的北方同僚：

游观须知此地佳，纷纷人物敌京华。林峦腊雪千家水，城郭春风二月花。彩舫笙箫吹落日，画楼灯烛映残霞。如君援笔直摹写，寄与尘埃北客夸。（北宋·王安石《杭州呈胜之》）

《梦粱录》记述“城南西东北各数十里，人烟生聚，民物阜蕃，市井坊陌，铺席骈盛，数口经行不尽，各可比外路一州郡，足见杭城繁盛矣”。（宋·吴自牧《梦粱录》卷一九：塌房条）南宋定都临安（今杭州）

① 周密. 武林旧事（卷三）[M]. 北京：中华书局，2007：71.

后，北方人口大量南迁，西湖之繁华达到了顶峰。而诗人夸耀的除了西湖之美景，更多的是此地人物饮酒作诗、歌舞丝竹的逍遥生活：

> 东南形胜，三吴都会，钱塘自古繁华。烟柳画桥，风帘翠幕，参差十万人家。云树绕堤沙。怒涛卷霜雪，天堑无涯。市列珠玑，户盈罗绮，竞豪奢。重湖叠巘清嘉。有三秋桂子，十里荷花。羌管弄晴，菱歌泛夜，嬉嬉钓叟莲娃。千骑拥高牙。乘醉听箫鼓，吟赏烟霞。异日图将好景，归去凤池夸。（宋·柳永《望海潮》）

可见，当时最让人艳羡的莫过于大都市的奢华与繁荣，而由上层阶级的艺术消费带来的整个社会的文化消费之风，也促进了西湖歌舞艺术消费的发展：

> 涌金门外雨初晴，多少红船上下趋。龙管凤笙无韵调，却挝战鼓下西湖。（宋·洪元量《醉歌》）
>
> 帖帖平湖印晚天，踏歌游女锦相牵。凤城半掩人争路，犹有胡琴落后船。（宋·张良臣《西湖晚归》）
>
> 山外青山楼外楼，西湖歌舞几时休。暖风熏得游人醉，直把杭州作汴州！（宋·林升《题临安邸》）

如果我们除去诗中出于政治用途的讽刺与教化功能，这股“暖风”确实如低度美酒般令人沉醉：

> 画舫行春醉欲迷，湖光好在古城西。（明·岑琬《钱塘偶成》）
>
> 一夕西湖水，渡江来百年歌舞，百年酣醉。（宋·文及翁《贺新郎·西湖边有感》）

苏东坡曾赞“天下酒官之盛，未有如杭城也”[①]《汉书·食货志》，称

---

① 施谔. 淳佑临安志［M］. 杭州：浙江人民出版社，1983：187.

酒为“天之美禄”。对诗人来说，诗酒人生是艺术创作与艺术欣赏之基础：

小隐西亭为客开，翠萝深处遍苍苔。林间扫石安棋局，岩下分泉递酒杯。兰叶露光秋月上，芦花风起夜潮来。云山绕屋犹嫌浅，欲棹渔舟近钓台。（唐·许浑《游钱塘青山李隐居西斋》）

冷泉亭中一樽酒，一日可敌千年寿。（宋·陆游《西湖春游》）

达到这种人生境界，则艺术无处不在，甚至连本该清冷寂静的墓地也可充满音乐气息：

最怜隐者高眠地，日日春风是管弦。（宋·赵师秀《孤山寒食》）

明朝郎瑛在《七修类稿》中记载：“吾杭西湖盛起于唐，至南宋建都，则游人仕女画舫笙歌，日费万金，盛之至矣。时人目为销金锅，相传到今。”要享受“罨画船中鼓板，销金锅里时光”（元·张宪《湖上》），必须有“大屋檐多装雁齿，小航船亦画龙头”（唐·白居易《答客问杭州》）的经济实力，更要有珠玉遍体的倡优歌舞助兴，只有在经济富庶、远离政治倾轧的诗人云集之处，才能有如此醇厚的艺术享受：

涌金门外柳如烟，西子湖头水拍天。玉腕罗裙双荡桨，鸳鸯飞近采莲船。（明·于谦《夏日忆西湖》）

枕海山横，陵江潮去，雉堞秋风残照。闲寻桂子，试听菱歌，湖上晚来凉好。几处兰舟，采莲游女归去，隔花相恼。奈长安不见，刘郎已老，暗伤怀抱。谁信得、旧日风流，如今憔悴，换却五陵年少。逢花倒趓，遇酒坚辞，常是懒歌慵笑。除奉天威，扫平狂虏，整顿乾坤都了。共赤松携手，重期明月，再游蓬岛。（宋·朱敦儒《苏武慢》）

生活中处处有玉箫金管、灯影桨声，才会令西湖充满着诗人的浅斟低吟。

第三节 钟鼓相闻南北寺，笙歌不断往来船

> 大隐住朝市，小隐入丘樊。丘樊太冷落，朝市太嚣喧。不如作中隐，隐在留司官。似出复似处，非忙亦非闲。不劳心与力，又免饥与寒。终岁无公事，随月有俸钱。君若好登临，城南有秋山。君若爱游荡，城东有春园。君若欲一醉，时出赴宾筵。洛中多君子，可以恣欢言。君若欲高卧，但自深掩关。亦无车马客，造次到门前。人生处一世，其道难两全。贱即苦冻馁，贵则多忧患。唯此中隐士，致身吉且安。（唐·白居易《中隐》）

白居易把隐士分为大、中、小三者，正如诗中所云，大隐或者小隐总是有经济上或者精神上的诸多弊端，而他所标举的中隐生活是隐逸的中庸风格：不居要职，做一个不大不小的地方官，有一份不薄不厚的俸禄，过一种不紧不慢的生活，讨一份不喜不忧的心情。不以“隐”作为实现精神独立和生命价值的唯一途径，而是以隐逸作为虚幻的精神寄托，追求“隐”的世俗实用价值。白居易把这种隐居生活哲学带到江南，与西湖边广布流传的佛道思想相互缠绕，发展成为杭州文化的一大特色。

《咸淳临安志》卷七十五《寺观》“序”载：“今浮屠、老氏之宫遍天下，而在钱塘为尤众。”又《梦粱录》卷十五《城内外寺院》记：“城内寺院，如自七宝山开宝仁王寺以下，大小寺院五十有七，倚郭尼寺，自妙净、福全、慈光、地藏寺以下，三十有一；又两赤县大小梵宫，自景德灵隐禅寺、三天竺、演福上下、圆觉、净慈、光孝、报恩禅寺以下，寺院凡三百八十有五……都城内外庵舍，自保宁庵之次，共一十有三。”在西湖沿岸，楼台林立，园林争奇斗艳，寺观众多，正所谓“一色楼台三十里，不知何处觅孤山”，众多寺庙与隔湖的繁华城楼遥相呼应，各得其所：

> 钟鼓相闻南北寺，笙歌不断往来船。（宋·于石《西湖》）

佛教信仰的超脱意识令诗人眼中的西湖也超凡脱俗，仿佛俗世的景象也是天上之物：

湖光山色共争秋，一点尘埃无觅处。沈沈水低见青天，画舸直疑天上去。（宋·赵企《秋日泛西湖》）

与传统佛教圣地枯木死灰般的寂静不同，西湖边的寺院是充满神话般想象，浸浴在水光山色的江南园林里的清凉地：

鹫岭郁岧峣，龙宫锁寂寥。楼观沧海日，门对浙江潮。桂子月中落，天香云外飘。扪萝登塔远，刳木取泉遥。霜薄花更发，冰轻叶未凋。夙龄尚遐异，搜对涤烦嚣。待入天台路，看余度石桥。（唐·宋之问《灵隐寺》）

九里松关一径深，修廊千尺昼沉沉。佛安玛瑙沉香座，僧住栴檀紫竹林。南北高峰天外笔，东西流水屋头琴。冷泉亭畔闲盘礴，洗尽平生名利心。（元·杨维桢《泛舟入灵隐寺》）

于是在悠游山水间，诗人欲穷年而寻“与物为春”的生命真谛：

独专山水乐，付与宁非天。三百六十寺，幽寻遂穷年。（宋·苏轼《怀西湖寄晁美叔同年》）

事实上，对于长期浸润于冰冷、孤独的仕途中的诗人政治家而言，“莫春者，春服既成，冠者五六人，童子六七人，浴乎沂，风乎舞雩，咏而归”的境界是心灵深处最渴望的一种释放，是重新唤醒生命意识的一种冲动，于是诗中的西湖成了诗人澄净心灵的修炼场。一方面以游湖的乐趣消解“久入樊笼”的疲乏：“三月芳菲在水边，游人消困亦随缘”（宋·赵师秀《孤山寒食》），以肯定生命的方式入俗世；另一方面又遥看凡尘俗世，暂获片刻宁静：“今君欲就灵隐居，葛衣草履随僧蔬”（苏轼《闻林夫当徙灵隐寺寓居戏作灵隐前一首》），以保存“繁华落尽见真淳”的精神境界。

“一到江南就不再想家，或者要卜居此地作永久之计，这是中国诗人最寻常的人生选择”：①

征途行色惨风烟，祖帐离声咽管弦。翠黛不须留五马，皇恩只许住三年。绿藤阴下铺歌席，红藕花中泊妓船。处处回头尽堪恋，就中难别是湖边。（唐·白居易《西湖留别》）

未能抛得杭州去，一半勾留是此湖。（唐·白居易《春题湖上》）

不是看山便画山，的应送老不知还。商量水阔云多处，随意茅茨着几间。（明·程嘉燧《丁家山下水木佳处》）

诗人一遍遍诉说对西湖的不舍之情，甚至对湖起誓，愿终老此地：

醉与江涛别，江涛惜我游。他年婚嫁了，终老此江头。（唐·姚合《别杭州》）

没有哪个城市能像杭州这样吸引异乡人，除了江南诗性母体赐予西湖的诗意精神，无数在西湖留下过足迹的词人骚客，用生命与性情想象而出的西湖栖居才是我们真正的精神家园：

三十年来一钓竿，几曾叉手揖高官？茅柴白酒芦花被，明月西湖何处滩？（明·唐寅《题西湖钓艇图》）

十里湖山苦见招，柳堤荷荡赤阑桥。待他朝市人归后，独泛扁舟吹玉箫。（宋·汪莘《夏日西湖闲居十首》）

凭谁妙笔，横扫素缣三百尺。天下应无，此是钱塘湖上图。一般奇绝，云淡天高秋夜月。费尽丹青，只这些儿画不成！（宋·刘泾、仲殊《减字木兰花》）

① 刘士林. 西洲在何处——江南文化的诗性叙述［M］. 北京：东方出版社，2005：95.

西湖的风光是写不尽、画不完的，诗意杭州也是道不清、说不明的。虽然诗人的笔不同于史学家的笔，他们所建构的杭城更多些溢美之词，然而历史的真实往往不及艺术的真实来得影响深远，后世人们对于西湖、对于杭州的想象与感受无疑更多地受到这些诗词的影响。其实，古今的人们都在用自己的想象构建、表达心中的杭州与西湖，我们暂且可以把它当作古典江南城市生活方式对当代都市诗意栖居的一点启示。

中　篇

当代长三角城市群的江南基因

第五章

长三角城市群文化政策演进摭议

在漫长的历史演变中，长三角作为江南文化的代表，素有物华天宝、人杰地灵的美誉。据史书记载，早在商代末期，长三角就出现了最早的城市——常熟。随着周太伯奔吴，无锡、苏州等城市相继出现，公元前486年，扬州拔地而起；公元前472年，勾践在雨花台筑“越城”；公元前248年，湖州建立；公元前202年，无锡建立；公元195年，镇江建立；公元400年，宁波筑城……长三角城市群的最初格局就这样出现了。与古代江南在地理上不断发生变化一样，当代长三角城市群在内涵上也处于持续的变动与建构过程中，先后经历了“长三角经济区”“长三角大都市圈”“泛长三角”三个历史阶段，[①] 地域范围在迂回中一再扩大，其中关于文化发展的政策范围也不断丰富，理论研究在此过程中一方面对政策内容展开解读，同时也进一步促进政策的完善，为政府部门提供智力支持。一直到上海大都市圈的确立，以上海为核心的“1＋6”城市群在文化发展方面有了更加紧密的联系，在文化政策上也有了更明确的协作内容。在国家提出“注重人文城市建设”的背景下，对从长三角城市群到上海大都市圈的文化政策的演进过程展开理论研究具有重要的理论与现实意义。

---

① 刘士林，王晓静. 长三角区域政策发展进程研究 [J]. 艺术百家，2011 (6)：44-49.

第一节　长三角城市群文化政策研究的历史梳理

由于“文化”“政策”概念本身的复杂性，本章所指的“文化政策”特指从城市的角度和基本特征出发，基于地区和文化的整体性、系统性和普遍联系性的特点，各城市政府部门颁布的直接或间接与城市的文化保护和文化发展有关的，尚未上升到法律层面的规范。

在以往的研究中笔者发现，城市的文化政策的编制主体一般是政府的相关政策研究机构，[①] 而这类机构往往又会邀请高校或社会研究团队的专家参与，无论是政府部门或是研究团队设计、制定的文化政策，都是基于一定的理论研究基础出发的，因此，对理论研究本身做一个历史梳理，通过对理论研究文本进行分析，可以发现理论研究者及社会、媒体对长三角区域文化发展的关注视角的变化过程，并在此基础上对照相关政策的出台情况，来分析理论研究与政策制定之间的相互关系具有较大的参考意义。

鉴于时间与精力有限，本次研究仅选取已被中国知网或万方数据库收录的刊登在研究性期刊上的理论文献。我们以“长三角”“文化”与“政策/规划”为主题词进行检索，截至2016年年底，共搜索到513条记录，逐条筛选，剔除了相关度不大的信息后，共有55篇文章直接讨论长三角区域间文化合作的有关政策与理论研究，相关情况如表5-1所示：

表5-1　长三角区域文化政策研究文献历年数量

年份	2003	2004	2005	2006	2007	2008	2009	2010	2011	2012	2013	2014	2015	2016
篇数	2	1	1	1	2	2	5	4	6	5	5	7	10	4

然后，我们对这筛选后的55篇论文进行内容分析，将每年的研究热点关键词整理如表5-2所示：

① 王晓静. 国家区域发展规划中的文化政策问题研究［J］. 上海师范大学学报（哲学社会科学版），2013（6）：66-71.

表 5-2　长三角城市群文化政策历年研究热点

年　度	研　究　热　点
2003	单个城市的旅游文化与长三角旅游市场的对接
2004	地区旅游业联动发展
2005	地下与地表文化资源
2006	旅游经济一体化
2007	历史传承、创意产业发展
2008	文化产业政策对文化产业发展的影响、体育旅游的发展现状
2009	文化发展战略、文化产业发展、文化创意产业一体化发展、休闲旅游发展
2010	文化产业发展、旅游合作、文化产业集群发展、区域文化在区域创新系统中的地位和作用
2011	文化创意产业集聚合作、地区创意产业集聚研究、体育旅游产业发展、中小城市广告产业发展、构建国际文化创意城市群的策略
2012	地方艺术节现象及政策研究、文化创意产业关联效应实证分析、城市体育产业、旅游产业
2013	文化制度、文化创意产业集群竞争力、文化产业管理模式及其绩效评估、非物质文化遗产的特色与保护传承、地区旅游一体化
2014	区域文化产业合作、县域文化产业、文化消费、文化资本
2015	旅游文化、文化金融、文化协同、文化产业竞争力与聚集力
2016	文化旅游、创意产业

由表 5-1、表 5-2 可知，自 2003 年起，学术界才开始正式关注长三角的文化政策问题，但大多只对旅游文化方面的合作政策展开研究，研究视野比较狭窄；2007 年起，开始了关于创意产业方面的讨论并直接引领后面几年对文化产业的广泛探讨。研究文献的数量在 2008 年之后发生了较大变化，这与当年《关于进一步推进长江三角洲地区改革开放和经济社会发展的指导意见》的出台不无关系。由于该文件首次在国家战

略层面上将长三角区域范围做出明确界定，对推动长三角区域合作产生了较大影响，在舆论的推波助澜下，很快引起了学界的广泛注意，致使长三角文化政策研究开始成为热点。2014—2015年是这一主题研究的井喷期，不仅在研究的数量上有了较大的增长，而且在研究的范围上也有了更深入、细致的分类，出现了以县域为视角的研究，同时引进了经济学等学科的交叉研究。

纵观这几年的研究方向，笔者发现在已有的长三角城市群文化政策研究中，最初的研究方向比较单一，主要集中在旅游文化及文化资源等方面。这一方面是因为相关的研究文献较少，另一方面也是因为基于“文化资源”的“旅游资源”是最容易共享互利的，因此，在这方面的合作最容易展开，相应的，针对城市间的旅游开发、文化资源保护及利用的政策往往也最早出台。2008年前后，研究范围扩大到了文化产业政策、创意园区、旅游一体化、体育文化等方面，但总体而言，仍缺乏文化创作、文化节庆、传媒业、非物质文化遗产保护等方面的合作政策研究。这一情况也得到了外国学者的相似认识，“在近期的调查中发现，大都市的文化政策表现出一种难以察觉的对弘扬文化模式的偏见，倾向继承模式，将旅游的大众和参观艺术展览的来宾变成战略产业选择的裁决者。对博物馆藏品修补的讨论要多于一首新乐曲的谱写，对参观古老艺术展览的来宾的统计轻描淡写，过分强调商业营利的得失，同时对当代的视觉艺术展品很少关注。……不再强调涉及保护、升值、继承、复原、保护和享用文化遗产；而是将最大限度的注意力和扶持手段适用于能创造艺术品价值的文化产业和产业链中。这种转变使文化产业与地域成为主动参与者”。① 也就是说，长三角城市群的文化政策研究过度关注文化的产业价值，文化的社会导向功能没有得到重视，基于共同的江南文化基因成长起来的长三角城市群忽视（或者是抛弃）了“以文化人”的重要功能，在社会整合、社会规范及城市精神塑造等方面缺乏有力的文化政策支撑，体现出典型的“经济型城市群”特征。

---

① Walter Santagata. 历史名城管理的文化模式刍论［J］. 周广西，译. 中国名城，2009（2）：12-16.

第二节 长三角城市群文化政策演变进程

事实上，长三角城市群相比珠三角城市群、中原城市群等“同省内城市群”而言，由于涉及两省一市各级行政机构的权力制衡，因此，长三角城市群这一空间组织形式在政策的制定上无疑会复杂得多。虽然相对于“长三角城市群”的行政生命，长三角文化有着更为悠久的前世，“历史上的长三角文化有‘吴文化’、‘江南文化’、‘海派文化’三个历史阶段……‘海派文化’是中国进入近现代以来文化的一种典范形式，也是中西文化交流和中华文化对外产生巨大影响的开端”，① 但对长三角文化发展方面的政策指导，至今尚无完整而系统的文件。

回顾历史，与长三角城市群文化相关的政策最初出现在1982年“长三角经济区”提出不久之后，针对长三角旅游业的指导性意见的研制，且直到上海世博会召开之前，旅游文化一直是政府部门对于长三角在区域文化合作方面最关注的内容，这与学术界对此的热衷研究呈正相关关系。

2008年《国务院关于进一步推进长江三角洲地区改革开放和经济社会发展的指导意见》中对长三角城市群的“区域文化发展规划”“区域文化联动”“城乡区域文化协调发展”等提出了明确的要求，丰富了原本略显单调的文化政策内容；也是在那之后，学术理论研究开始拓展思路，不断向文化政策的其他领域深入，并在政策酝酿与出台时，对政策的完善起到了推动作用。

显而易见的一个特点是，长三角城市群从未脱离过加速经济发展这一发展目标，这也是各成员城市的核心目标，这与我国经济社会发展的主线——“以经济建设为中心”相一致。从90年代初开始，长三角地区的城市文化政策就表现出浓重的“经济”味道。比如，上海在90年代出台了许

---

① 陈尧明，苏迅. 长三角文化的累积与裂变：吴文华——江南文化——海派文化 [J]. 江南论坛，2006 (5)：17-21.

多围绕“文物经营”“文化娱乐业市场管理”及“社会文化团体的经营”的政策，这不仅与上海自近代以来就是中国报刊出版业、电影电视演艺业等文化业的摇篮和主要基地有着直接关系，也与当时上海向“一个龙头，三个中心”战略地位迈进有密切联系，并且这一时期的上海也集中了大量资金用于城市基础设施建设。对城市基础设施的高强度投入、大规模推进，迅速改变了上海的城市面貌。1999 年，上海建成了浦东国际机场、延安高架路中段、逸仙高架路、南京路步行街、国际会议中心等 27 个重大工程。虽然这对上海的古建筑而言是一场生死大淘沙，但也造就了上海成为国际文化大都市的最基本的硬件设施。直到国家“十一五”规划纲要出台之后，上海才开始将“创意产业”作为文化政策的重要方向，《上海市文化科技创意产业基地文化科技创意企业（机构）认定办法（试行）》《上海创意产业十一五规划》《上海文化产业十一五规划》等一系列政策文件，确定了包含研发设计创意、文化传媒创意、建筑设计创意、咨询策划创意和时尚消费创意的上海市“十一五”创意产业五大类发展重点项目，给“上海成为中国创意产业发展最为迅速的城市之一”① 提供了强大的政策支持。

回顾长三角城市群自 1982 年以来文化政策的演化历程，我们发现尽管长三角各城市努力想要塑造一种“桴鼓相应”的协作态势，但现实却是，在文化建设上各城市间仍存在“各自为战”的困境，也可以说仍在重复长三角长期以来在经济建设上的“单打独斗”和“同质竞争”，这一状况实际上已成为影响长三角世界级城市群培育和建设质量的主要问题和重大矛盾之一。理想的城市群在本质上是一个在人口、经济、社会、文化和整体结构上具有合理层级体系，在空间边界、资源配置、产业分工、人文交流等方面具有功能互补和良好协调机制的城市共同体。② 但随着长三角城市群的不断扩容，目前已从 20 世纪 90 年代比较稳固的 16 个城市扩充到 2016 年《长江三角洲城市群发展规划》的 3 省 1 市 26 城。在长三角各城市间的协调机制没有根本性改进之前，参与的城市数量越多，反而越不容易实现有效合作，同时长三角城市群的文化发展与合作也更容易流于形

---

① 厉无畏. 创意产业导论［M］. 上海：学林出版社，2006：328.

② 刘士林，刘新静，张懿伟，等. 城市群：未来城镇化的主平台［J］. 光明日报，2014-06-03（11）.

式，难以产生实际效果。

第三节　文化型城市群——上海大都市圈的文化发展方向

美国著名城市学家刘易斯·芒福德指出："在城市发展史中科学技术始终是重要的推动力，但是人文因素则一直起着重要的平衡作用。"这句话从侧面论证了城市发展的最高目的在于提供一种"有价值、有意义、有梦想"的生活方式，而不只是人口聚集和经济增长。自"2003 年，伦敦市长发表'城市文化战略'，旨在维护和增强伦敦作为'世界卓越的、创意的文化中心'，成为'世界级的文化城市'，并投入巨资兴建新的文化设施"①之后，"一个文化稀薄的城市必定是危机四伏的城市，而一个繁荣的城市必定有着积极健康的城市文化"②，成为越来越普遍的共识。因此，随着"2005 年前后，'国际化大都市'的城市定位与战略逐渐退居二线，文化城市成为众多城市的战略发展目标"。③

其中，上海就是典型代表。2004 年的上海文化工作会议对"文化城市"的概念做了粗略定义，认为文化城市是文明城市、学习型社会和国际文化交流中心，同时也是国家历史文化名城。上海在国内拥有建设城市文化第一流的物质条件，但近年来，不仅电影、音乐、美术、文学、新闻出版等传统优势日渐衰退，在文化产业、文化服务业、文化贸易、公共文化等新兴领域也缺乏有影响力的品牌，尽管自改革开放以来，上海的经济总量、交通基建和人口规模增长很快，但也导致了"物质文化""人文精神"及"硬实力""软实力"的严重失衡和不协调。就此而言，推进以工业化、现代交通建设为主导的"经济型城市化方式转变"，在社会主义文化强国

---

① 吴良镛. 北京旧城保护研究［M］//《建筑创作》杂志社. 奥林匹克在东四. 天津：天津大学出版社，2008：11.

② 单霁翔. 从"功能城市"走向"文化城市"发展路径辨析［J］. 文艺研究，2007（3）：43-55.

③ 刘新静. 文化城市研究的现状及深化路径［J］. 上海师范大学学报（哲学社会科学版），2012（6）：36-43.

总体框架下重建和复兴区域“文化小传统”，使之在区域一体化与协调发展中发挥更大作用，成为上海作为长三角城市群成员的重点任务。

2014 年《国家新型城镇化规划（2014—2020 年）》提出“注重人文城市建设”，“发掘城市文化资源，强化文化传承创新，把城市建设成为历史底蕴深厚、时代特色鲜明的人文魅力空间”，这既是对现阶段我国城市发展主要矛盾的深刻把握，也是长三角城市群文化发展转型发展的新方向。

对此，2016 年 8 月 22 日，《上海市城市总体规划（2016—2040）（草案）》（简称“上海 2040”）提出：“发挥上海在‘一带一路’和长江经济带战略中的作用，强化上海对于长三角城市群的引领作用，以上海大都市圈承载国家战略和要求，具体包括上海、苏州、无锡、南通、宁波、嘉兴、舟山在内的‘1＋6’城市群范围，总面积为 2.99 万平方千米，总人口约 5 400 万，积极推动上海大都市圈同城化发展，引领长三角迈向具有全球影响力的世界级城市群。”由于，“都市圈”是由起核心作用的一个中心城市或几个大城市再加上周边受到中心城市强烈辐射、有着紧密联系地区组成的城市经济区域，是城市群发展到成熟阶段的最高空间组织形式，因此从“长三角城市群”到“上海大都市圈”的“瘦身运动”可以看作一次尝试明确主次关系、重构协调机制的战略调整。

相对于《长江三角洲城市群发展规划》中的范围，上海大都市圈的范围更集中，从空间距离来看，苏州、无锡、南通、宁波、嘉兴、舟山 6 座城市离上海的直线距离为 80～160 千米，基本实现了“90 分钟交通出行圈”，在经济、社会、教育、文化等方面都受到上海的强大辐射，并且，由于相互之间远有相同的江南文化底蕴为“经”，近有长三角城市群紧密联系的产业合作为“纬”，在历史与现实、物质与精神的双重契合下，以上海为核心的上海大都市圈比起长三角城市群将会产生更强大的“文化场效应”。

一方面，上海大都市圈作为长三角城市群的优质板块，从一开始就规避了城市群规划建设的一些瓶颈问题，这集中体现在“上海 2040”从一开始就关注都市圈的文化问题。“上海 2040”提出“加强区域文化共融共通。探索水乡古镇联动开发和世界文化遗产申请等策略，共同促进江南文化以及中国历史文化的传承、再塑与创新”，就是基于建设上海文化型城市群的建设思路而提出的战略目标。

另一方面，在“1+6”城市群范围中，各城市早就出台了响应建设文化型城市群的相关政策。例如，苏州市在21世纪初就出台了《苏州市2001—2010年文化强市建设规划纲要》；2005年嘉兴提出加快建设文化大市、打造人文嘉兴的决定；2010年无锡提出建设“文化事业强、文化产业强、文化人才队伍强”的文化强市和具有文化影响力、文化核心竞争力、文化创新发展力的区域性文化中心城市的目标；2010年舟山市提出的“三着力”加快文化建设发展的目标；2011年宁波市的深入实施文化建设“六大战略”和文化发展“1235”工程；2015年南通市提出的文化建设“三强两高一前列”目标；等等。而2016年12月发布的《上海市“十三五”时期文化改革发展规划》则进一步提出要在上海全市“构建中华优秀传统文化传承体系”，加强物质文化遗产保护利用和非物质文化遗产保护传承，“将历史文化遗产保护与城市更新结合”，加大对文物保护单位、优秀历史建筑等保护力度，凸显中国共产党诞生地和中国革命圣地的城市形象。在某种意义上，这些规划目标不仅是“以文化人”的实践回归，高度契合了国家的“人文城市战略”，在一些层面和领域还彰显了“文化改革发展先行者和排头兵”的内涵和优势，也树立起了上海大都市圈“文化建设领头羊”的旗帜。

在全球人口爆炸、能源危机、生态环境急剧恶化的当下，“文化型城市群”日益成为全球城市化和区域发展的新潮流和新趋势。目前我国城市群走的都是“经济型城市群”发展道路，尽管在短期内经济总量、交通基建和人口规模增长很快，但也导致了“物质文化”“人文精神”及“硬实力”“软实力”的严重失衡和不协调，以“文化型城市群”取代“经济型城市群”发展模式已势在必行。① 然而，城市文化政策制定的进化原理，并不是遵循着新的论断代替旧的论断这种简单的过程。② 历史的转变也不可能在一朝一夕之间，只有在实践与理论上都认识到了“文化型城市群”

① 刘士林. 城市的意义和价值在哪里？[N]. 大众日报·论丛周刊，2014-10-16（9）.

② 佛朗哥·比安基尼. 重建欧洲城市：文化政策的角色[J]. 王列生，译. 福建论坛（人文社会科学版），2016（8）：117-126.

的重要性，才能在区域文化政策的制定与设计中以“文化型城市群”的本质要求将更多的政策资源、经济支持、人才导向等向促进城市间的文化合作与发展、促进城市群的整体文化实力与吸引力倾斜，从而在文化建设道路上走出一条协调、和谐、可持续的新路。

第六章

上海大都市圈人文城市建设研究

2014 年，《国家新型城镇化规划（2014—2020）》提出“注重人文城市建设”，“发掘城市文化资源，强化文化传承创新，把城市建设成为历史底蕴深厚、时代特色鲜明的人文魅力空间”，标志着人文城市进入国家战略框架，既是对现阶段我国城市发展主要矛盾的深刻把握，也代表着国家新型城镇化战略实施的道路自觉，对推进我国从“经济型城市化”向“文化型城市化”的战略转型具有重要的价值导向作用。2016 年，《上海市城市总体规划（2016—2040）》发布，将苏州、无锡、南通、宁波、嘉兴、舟山等划入上海大都市圈的范围，同时提出“以上海大都市圈全面承载国家战略和要求”，“积极推动上海大都市圈同城化发展，引领长三角迈向具有全球影响力的世界级城市群”。

规划中的上海大都市圈总面积为 2.99 万平方千米，总人口约为 5 400 万，转型创新发展任务艰巨。与西方大都市圈相比，上海大都市圈在经济总量、交通基建和人口规模上已经领先，但在城市软实力、城市管理和服务、城市文化与精神上却落后很多。在全球人口爆炸、能源危机、生态环境急剧恶化的大背景下，以第一手数据和调研建设上海大都市圈人文城市发展数据库，建构符合我国新型城镇化规律和特点的科学评估指标体系，研究上海大都市圈人文城市建设情况，对于弥补上海大都市圈的文化短板，转变我国城市群发展方式，为世界城市群和区域发展提供中国经验和上海样板，具有重大的战略价值和示范意义。

第一节 人文城市建设的现状与研究意义

落实“注重人文城市建设”的战略部署，要从“注重人文城市基础理论研究”开始。目前我国城市研究与设计的一个主要问题是缺乏基础理论研究，在概念内涵和外延都没有搞清楚的情况下就匆匆上马各种规划和建设，结果往往制造更多和更棘手的“城市发展问题”。基础理论研究作为城市发展的基础性的“系统设置”，在实践中是绝对不应该“绕开”的。只有先把人文城市的概念、内涵、发展模式、评估体系研究清楚，才能画出一张路线清晰、目标明确并可以进行精准战略判断与决策的人文城市总图，有效制约、规避各种非理性、缺乏长远与总体考虑的舆论和行为，引领我国城镇走出旧城市化的发展陷阱，实现中央城镇化工作会议提出的“人民城市为人民”的宗旨。

一、人文城市的内涵

“城市作为人类属性的产物，其根本的内涵是城市要符合人性生存与发展，具有人文特色和人文精神。”① 在关于什么是“人文”的解释上，迄今并没有一个统一和规范的定义。“人文”一词最早出现在我国的《易经》中：“刚柔交错，天文也。文明以止，人文也。观乎天文以察时变；观乎人文以化成天下。”需要指出的是，《易经》的“人文”概念主要指人不同于动物的伦理规范等文明属性，是马克思哲学中讲的“精神生产”在人自身的主要成果，与 2015 年党的十八届五中全会公报、在《国家“十三五”发展规划纲要》中作为“全面建成小康社会新的目标要求”之一的“国民素质和社会文明程度显著提高”相一致，可以看作是我国在“十三五”时

① 鲍宗豪，等. 城市的素质、风骨与灵魂：城市文化圈与文化精神研究［M］. 上海：上海人民出版社，2007：9－10.

期精神文明建设和创建全国文明城市（城区）的新内涵和重点任务。

而其他关于“人文”概念的界定，则与我国建设文化强国的战略要求相距较远。如我国的《辞海》认为“人文指人类社会的各种文化现象”，强调人类生产实践的创造性，明显把“人文”概念泛化了。而西方的“人文主义”，实际上是“人本主义”，旨在强调从个体角度思考人的存在根基，则明显把“人文”概念狭隘化了；甚至包括1990年联合国开发计划署（UNDP）公布的人文发展指数，受西方概念和价值的影响，实际上做出的是“人类发展指数”（HDI：Human Development Index），主要用来衡量联合国各成员国经济社会发展水平。而我们从《易经》的人文概念出发，可以有效避开这些问题，并与在中国特色城市发展道路上建设“有中国特色的人文城市”密切相关。

紧密围绕《国家新型城镇化规划》中关于人文城市的建设重点：“注重在旧城改造中保护历史文化遗产、民族文化风格和传统风貌，促进功能提升与文化文物保护相结合。注重在新城新区建设中融入传统文化元素，与原有城市自然人文特征相协调。加强历史文化名城名镇、历史文化街区、民族风情小镇文化资源挖掘和文化生态的整体保护，传承和弘扬优秀传统文化，推动地方特色文化发展，保存城市文化记忆。培育和践行社会主义核心价值观，加快完善文化管理体制和文化生产经营机制，建立健全现代公共文化服务体系、现代文化市场体系。鼓励城市文化多样化发展，促进传统文化与现代文化、本土文化与外来文化交融，形成多元开放的现代城市文化。”笔者认为，应以“文化城市”理论作为“人文城市建设”的理论基础，这是一种既超越了人类城市原始的防卫、商业等实用功能，也不同于中华人民共和国成立以来的“政治型城市化”和“经济型城市化”的新的城市发展模式。[①] 与政治型城市化和经济型城市化相比，以文化艺术为核心功能的文化城市最能体现人类文明发展的新高度，是兼顾传统与未来、政治与经济、最适合主体需求和城市本性的科学与全面发展模式。[②]

---

① 刘士林. 关于人文城市的几个基本问题［J］. 学术界，2014（5）：32－35.

② 刘士林. 文化城市与中国城市发展方式转型及创新［J］. 上海交通大学学报（哲学社会科学版），2010（4）：57－58.

二、我国人文城市建设的现状

目前，国内关于“人文城市”的理论研究和实践的情况并不乐观。

2016年12月，《上海市“十三五”时期文化改革发展规划》发布，提出到2020年基本建成文化要素集聚、文化生态良好、文化事业繁荣、文化产业发达、文化创新活跃、文化英才荟萃、文化交流频繁、文化生活多彩的国际文化大都市；同时提出要在上海全市“构建中华优秀传统文化传承体系”，加强物质文化遗产保护利用和非物质文化遗产保护传承，“将历史文化遗产保护与城市更新结合”，加大对文物保护单位、优秀历史建筑等保护力度，凸显中国共产党诞生地和中国革命圣地的城市形象。在某种意义上，这些规划目标不仅和国家“人文城市战略”高度契合，在一些层面和领域还彰显了“文化改革发展先行者和排头兵”的内涵和优势。

实际上，在素有中国经济高原的长三角，对人文城市建设自觉不自觉加以追求的城市还有很多，如：苏州市在21世纪初就出台了《苏州市2001—2010年文化强市建设规划纲要》；2005年嘉兴提出加快建设文化大市、打造人文嘉兴的决定；2010年无锡提出建设“文化事业强、文化产业强、文化人才队伍强”的文化强市和具有文化影响力、文化核心竞争力、文化创新发展力的区域性文化中心城市的目标；2010年舟山市提出的“三着力”加快文化建设发展的目标；2011年宁波市的深入实施文化建设“六大战略”和文化发展“1235”工程；2015年南通市提出的文化建设“三强两高一前列”目标等，但各城市对于什么是人文城市，如何才能实现城市从“经济型城市化”向“文化型城市化”的转型发展，以及如何评价既定的文化强市战略的实现效果等尚未形成一个具体评判标准。

三、开展人文城市研究和评估的重要意义

回顾长三角城市群从1982年开始的30多年以来的演化和建设历程，目前长三角各城市在人文城市建设和评估上的“各自为战”与“互不买账”，可以说正在重复着长三角长期以来在经济建设上的“单打独斗”和

"同质竞争"，并已实际上成为影响长三角世界级城市群培育和建设质量的主要问题和重大矛盾之一。

在经济新常态的大背景下，我国城市规划和建设也逐渐进入精明增长和精细化发展的新阶段。在此背景下，通过建立科学的评估理论、方法和指标体系，对城市各项进行即时的数据采集分析，以精确把握城市发展的现状、问题、风险和机遇具有越来越重要的作用，并越来越受到各方面的重视。

从总体上看，和我国城市发展的情况相一致，我国城市指标体系研究与排名系统目前仍以城市经济管理为主流，在"宜居指数""生活质量""幸福感"等成为考量标准的背景下，也有一些指标体系和排名系统开始启用"文化""社会治理""城市生活质量"等软性指标。但由于并没有很好地解决经济、社会、文化、生活质量等不同要素之间的关系，并在此基础上对"硬指标"与"软指标"进行恰到好处的逻辑切分，以选择出最具代表性、真实性和关键性的指数级数据，以及以简单、直接、易于理解的排名方法进行科学展示，所以很多评估与现实的真实情况和人民群众的获得感差距比较大。在当前日益复杂的全球发展背景下，开展人文城市指标评估，及时发现问题和获取相关反馈信息，作为加强动态监测和出台新政策新机制的依据，其重大作用和深远意义无可置疑。

第二节 中国人文城市发展指数框架与评估机制

当今世界是城市的世界，到 2050 年全球城镇人口预计达到 64 亿，人类将从 21 世纪初的"半城半乡"形态彻底演化为"城市人类"。城市是人类最复杂的空间组织结构，文化则是人类最复杂的精神活动形态，这两个性质和功能不同的超级复杂系统联系在一起，其发展与演化的规律和特点自然会更加复杂。要应对人文城市发展评估的复杂性，必须超越各种简单化思维和方式。笔者在参考了目前约 30 种相关评估体系、800 多个相关指数的基础上，研发具有自主知识产权的《上海大都市圈人文城市指标体系框架（2017 版）》，为开展科学、客观和符合中国国情的人文城市发展评估评价提供支持。

一、相关的指数体系及评估情况研究

在全球范围看，世界上第一个国际性的文化统计框架文件是 1986 年联合国教科文组织（UNESCO）集合了 20 多国专家制定的，并在 2009 年做了修订，其主要包括：文化和自然遗产、表演与庆祝活动、视觉艺术与手工艺、书籍与报刊、音像与交互媒体、设计与创意服务、旅游业、体育和娱乐、教育和培训、档案和保存、装备和辅助材料、非物质文化遗产等。显然，这一框架使用的文化范畴比较宽泛，与我国国家统计局颁布的《文化及相关产业分类 2012》非常类似，但这种统计方式比较适用于以全球视野为范围的一段时期内的趋势研究，而不适用于对单个城市文化某一年度的统计和数据处理。

就国内而言，与文化相关的指数研究目前已不胜枚举，着眼于城市文化方面的主要有城市文化发展指数、城市文化影响力指数、城市文化竞争力指数、城市文化现代化指数等。

2007 年，上海市文化研究中心等机构联合研制的“上海城市文化发展指数”主要包括公共文化服务、文化产业、文化市场、文化创新和社会环境方面 5 项指数。但从其一级指标看，这一指数体系缺少对城市传统与历史文化的考量，与今天国家特别强调的传承优势传统文化明显相冲突。在《中国城市竞争力报告》中，研究者把“创意城市”单列一章，将文化城市评价指标体系分为四类：历史文化、现代文化、文化多元性（国际性层面）和文化产业，这其中虽有历史与现实的双重考虑，但缺少对城市文化环境的评估，而脱离了具体的时代与社会背景的创意城市是没有现实意义可言的。

关于城市文化竞争力指数体系，比较有代表性的有以下三种：一是李向民[①]提出，城市文化竞争力的基本内涵包括文化资源力、城市旅游资源、

① 李向民，王晨，成乔明，等. 城市文化竞争力及其评价指标［J］. 中国文化产业评论，2008（2）：41 - 60.

文化价值转化力、文化辐射力、公共文化服务力和文化创新力6个方面。二是赵德兴[①]提出城市文化竞争力指数包括经济竞争力、文化交流能力、城市文化资源占有、城市文化产业发展规模与水平、城市文化事业发展规模与水平、城市区位竞争力、城市环境质量和居民生活质量与社会和谐程度8个层面。三是翟世镜[②]提出国际大都市文化竞争力指数包括城市概况要素、文化出版要素、文化设施要素、文化消费要素、公共文化支出要素、文化贸易要素信息传播要素、教育水平要素、科学水平要素、医疗卫生水平要素、国际化程度要素、人类发展指数。这些指数体系作为学术理论研究，提出了不同的研究维度，但是一方面未细化到三级指数，另一方面在实际测度与分析上也缺乏实证基础，因此对城市文化建设的实际参考价值有限。

在城市文化现代化指标体系方面[③]，由专家设计的城市文化指标主要包括文化潜力、文化保障力、文化创造力和文化影响力4个一级指标。具体指标为：平均受教育年限、每万人拥有在校大学生数、文化娱乐服务支出占家庭消费总支出比例、每百户文化耐用品拥有量、互联网普及率、每万人公共文化设施面积、万人博物馆拥有率、人均公共图书馆藏书占有量、人均公共文化支出、文化体育与传媒体支出占全部财政支出的比例、文化产业增加值占GDP比重、文化体育娱乐业从业人员占总就业人数的比例、人均文化产业增加值、科技人员比例、研发占GDP比例、年国际文化交流人数、人均国际旅游创汇收入17项。这一指标体系以“有利于生产力的提高、有利于社会的进步、有利于人的全面发展”为目的，着重强调的是文化产品的普及率及文化产业的经济价值，但在“历史底蕴”“文化传承”等方面都没有相关指标，因而无法充分表现城市积淀的“人文魅力”。

此外，有的指数体系框架设计偏于杂多，属于事无巨细、缺乏提炼一类。例如，文化城市统计评估指标体系设置了6个一级指标：文化环境指标、文化资源指标、文化创新指标、文化生产指标、文化交流指标和文化

---

① 赵德兴，陈友华，李惠芬，等. 城市文化竞争力指标体系研究［J］. 南京社会科学，2006（6）：20－25.

② 翟世镜. 国际大都市文化竞争力比较研究［J］. 上海行政学院学报，2004（6）：88－97.

③ 叶南客，李惠芬. 城市文化现代化指标体系构建与发展水平实证评价——以南京为例［J］. 金陵科技学院学报（社会科学版），2013（2）：1－6.

共享指标，并分为72个具体指标。由于我国在信息化与数据统计方面的工作还未彻底展开，其中不少指标只能是“想象中的美好”，在实际操作中根本无法获得，因此，像这样的研究没有实证意义。还有一类指标体系认识到了数据获取的难度，在指数设置时以定性与定量相结合的方式进行，如2016年《中国城市文化影响力指标体系》（由中国城市经济学会城市发展研修中心与大今文化研究院共同研发）以历史沉淀、现代发展、民众印象作为三大一级指标，以调查问卷结合数据统计的方式开展研究，但由于样本数量十分有限，其计算结果与现实的真实性往往差距较大，对政策研究和制定的参考价值比较有限。

二、中国人文城市发展指数框架的构建

针对我国文化统计比较滞后，部分统计数据尚属空缺的现状，以及中国人文城市发展指数体系是在不同省市之间的比较，因此在设计指标时，笔者除了综合考虑相对数和绝对数形式外，也十分关注数据的权威性和可获得性，以免因数据来源的局限、不同省市统计口径的差异、某些指标缺失等，导致无法进行省市之间的横向比较，甚至因为横向比较而不得不放弃一些重要指标。[①]

在总体架构上，中国人文城市发展指数的框架体系包括3个一级指标、6个二级指标和30个三级指标（见表6-1）。

表6-1　中国人文城市发展指数框架

一级指标	二级指标	三级指标	比重/%
物质文化（30%）	历史资源（延续性指数）（15%）	中国传统村落数量	3.2
		中国历史文化名村数量	2.8
		国家级历史文化名镇数量	2.8
		中国民间文化艺术之乡数量	3.2
		全国重点文物保护单位数量	3.0

① 胡攀，张凤琦.从国内外文化发展指数看中国文化发展指数体系的构建[J].中华文化论坛，2014（7）：5-9.

续表

一级指标	二级指标	三级指标	比重/%
物质文化（30%）	现代资源（多样性指数）（15%）	剧场影院数量	3.2
		每百人公共图书馆藏书量	2.9
		5A级景区数量	2.5
		985、211计划学校数量	3.2
		人均公园绿地面积	3.2
社会文化（35%）	城市形象与国际知名度（文化资本指数）（18%）	全国文明城市（区）称号	3.8
		历史文化名城称号	3.8
		全国道德模范数量	3.8
		市慈善捐助金额	3.6
		全年接待国内外游客人次	3.0
	文化环境（宜居性指数）（17%）	PM 2.5指数	3.3
		义务教育阶段师生比	3.6
		房价收入比	3.1
		每千人拥有医生数	3.6
		万人刑事立案率	3.4
人文文化（35%）	优质文化人力资源（文化资本指数）（16%）	文化艺术表演团体数量	3.4
		国家文化产业示范基地、园区数量	3.0
		国家级非物质文化遗产代表传承人数量	3.0
		文化、体育、娱乐业从业人数	3.3
		每万人专利授权量	3.3
	文化消费（文化产业指数）（19%）	人均票房金额	4.1
		各类会展活动数量	4.0
		娱乐教育文化用品及服务价格指数	3.5
		互联网宽带接入用户数	3.8
		旅游产业增加值	3.6

三、中国人文城市发展指数分析与阐释

在研究方法上，笔者放弃了一般以要素梳理为中心的“经验”研究方法，也不是把中外的研究成果综述罗列一下，而是从理论的高度建立一个系统全面的分类框架，从“什么是人文城市的真、善、美”开始，在学科上借助“自然科学”“社会科学”“人文科学”三大学科体系，借助马克思的“物质生产”“人自身的生产”和“精神生产”三种生产方式，从而建立了以“真—物质条件—人文城市的物质文化资源”——“善—制度基础—人文城市的社会文化资源”——“美—心理感受—人文城市的人文文化资源”为三分结构的中国人文城市发展评估框架体系，并将人文城市发展指数的一级指标确定为物质文化指数、社会文化指数和人文文化指数。这三大指数基本上涵盖了人文城市的主要内容和层面。

二级指数主要包括 5 个方面的内容：一是延续性指数，从时间上看，文化城市应具有悠久或绵延一定时段的文化传统；二是多样性指数，从空间上看，文化城市应具有丰富的物质文化遗产与非物质文化遗产；三是文化资本指数，文化城市应具有良好的城市形象与国际知名度；四是文化产业指数，文化产业是文化城市重要的经济生产要素，是文化城市可持续发展的物质条件，文化生产力发达是它与经济城市最本质的区别之一；五是环境友好指数，这是就城市的“宜居性”而言，体现了人与自然、人与社会、人与自我的良好循环机制，以保证城市社会的和谐与全面发展。①

以上 5 个方面结合一级指数的三分结构，我们建立了人文城市发展指数的二级指标，并根据数据的可获得性及权威性等，筛选出三级指数若干。

1. 物质文化指数

物质文化指数是测评人文城市发展情况的基本指标，分别从延续性的角度考虑历史资源的留存情况和从多样性的角度考虑现代资源的丰富性。

---

① 刘士林. 文化城市需要一个“操作系统”[N]. 社会科学报，2007-08-09 (06).

从历史资源指数来看，传统文化、历史文化、民间文化、文物等资源的保存情况，说明一座城市在历史底蕴积累上的能力，回应了人文城市建设重点中提出的“加强国家重大文化和自然遗产地、国家考古遗址公园、全国重点文物保护单位、历史文化名城名镇名村保护设施建设，加强城市重要历史建筑和历史文化街区保护，推进非物质文化遗产保护利用设施建设”。

从现代资源指数来看，公共休闲、公共文化、优质教育资源、优质旅游景点及生态环境等指数，体现的是城市给市民提供高品质文化享受的能力。人文城市的建设目标不在于城市人口增加，也不在于经济总量与财富的聚集，而在于能否提供一种“有价值、有意义、有梦想”的生活方式。从这个意义上来讲，休闲娱乐产品优质且丰富、教育资源高端且充足、公共文化服务均等化和高水平都是非常重要的。

在物质文化一级指数下，设二级指数 2 个、三级指数 10 个。

1）历史资源（延续性指数）

（1）中国传统村落数量。在我国数量庞大、广泛分布的农村中，依托独特资源与环境条件、具有独特历史与文化特色的传统村落，在落实“注意保留村庄原始风貌”“建设各具特色的美丽乡村”“让城市融入大自然，让居民望得见山、看得见水、记得住乡愁”等新型城镇化战略要求中具有重要的代表性和示范性。自 2011 年始，为贯彻落实中央关于加强优秀传统文化体系建设、弘扬中华优秀传统文化的精神，住房和城乡建设部、文化部、财政部联合启动了中国传统村落保护工作。在对全国传统村落开展摸底调查的基础上，分三批次公布入选中国传统村落名录的村落名单，入选村落共计 2 555 个。根据笔者以往的研究，以江南文化为背景的苏、浙、沪三地的传统村落与各自的行政村相比，所占的比例都偏低，其中：上海为 3.01‰，浙江为 7.14‰，而江苏更是低至 1.54‰。由此可知，传统村落保护情况与当地的经济发展、城市化水平不存在正相关关系；相反，近年来快速的城市化对传统村落主要起到的是一种破坏作用。以中国传统村落保存情况为测量指数，可以观测该城市在传统文化保护传承方面的具体情况。

（2）中国历史文化名村数量、国家级历史文化名镇数量。中国自古以农立国。我国现有乡镇级建制单位 41 636 个，设村委会的农村为 58.9 万个，它们既是大多数新城市人的“乡愁”所系，也是约 1 亿人能否实现就近城镇化的“空间”所在，村镇建设已成为我国新型城镇化各种矛盾的结合部和焦点。相对于传统村落，中国历史文化名村名镇指数，可以有效测评该城市在历史价值或纪念意义、地方民族特色方面的保护情况。

(3) 中国民间文化艺术之乡数量。“中国民间文化艺术之乡”是 1987 年文化部为推动民间文化艺术事业的繁荣发展、丰富活跃基层群众文化生活而设立的一个文化品牌项目。民间文化如民间歌谣、传说、故事等，具有与人类差不多同样久远的历史，是一种沟通民众的物质生活和精神生活、联系传统与现实，通过世代相习和传承的文化现象。这一指数既属于历史范畴，也强调人的活化因素。

(4) 全国重点文物保护单位数量。全国重点文物保护单位是国家文物局对不可移动文物所核定的最高保护级别，具有重大的历史、艺术、科学价值。文物是文化遗产的重要组成部分，蕴含着中华民族特有的精神价值、思维方式、想象力，体现着中华民族的生命力和创造力。设置这个指数对继承和发扬民族优秀文化传统，增进民族团结和维护国家统一，增强民族自信心和凝聚力，促进社会主义精神文明建设，都具有重要而深远的意义。

2) 现代资源（多样性指数）

(1) 剧场影院数量。剧场影院是公共文化建设的重要平台，有利于提升城市品位和丰富群众文化生活。剧场影院以面向大众、提供公共文化服务、满足当地居民的文化需求为己任，日益发展成为多功能的文化设施，成为保障人民群众共享改革和文化发展成果的一个平台。作为公益性文化设施，剧场影院与图书馆、美术馆、博物馆一起，肩负着文化传播和精神建设的任务，还可以较好地推介地方的文化形象和发展成果，既能增加城市文化品位，又能提升城市形象档次，可直观地表现出一座城市的人文水平和艺术趣味。

(2) 每百人公共图书馆藏书量。公共图书馆是国家为满足人民群众平等地获取知识和信息而提供的一种公共服务设施，是保障公民文化权利、保障社会信息公平、保障民主政治、保障社会包容的一种制度安排。[①] 公共图书馆在我国经济、文化及政治建设中具有十分重要的作用，对于城市人文氛围的营造也有重要影响。

（3）5A级景区数量。5A级为中国旅游景区最高等级，是我国旅游风景区的世界级精品。综观世界知名的人文城市，大多拥有享誉全球的旅游资源，优质城市旅游资源的数量对丰富城市文化资源、提高城市对外形象及提升城市魅力具有不可或缺的重要意义。

（4）985、211计划学校数量。“985工程”“211工程”是建设世界一流大学和国际知名的高水平研究型大学的培育项目，也是国家在高等教育领域给予最大的政策及经济支持的重点建设工程，一个城市拥有的高水平大学数量，会直接影响该城市在培养优质文化人才方面的能力和水平。

（5）人均公园绿地面积。城市公园是城市公众的生活景观，是千家万户身心愉悦的空间，同时也是城市绿化美化、改善生态环境的重要载体。特别是大批园林绿地的建设，不仅在视觉上给人以美的享受，而且对局部小气候的改造有明显效果，使粉尘、汽车尾气等得到有效抑制，在改善现代城市生态和居住环境方面发挥着十分重要的作用。笔者原本设想以统计万人拥有城市公园数量来表现城市现代人文资源的水平，但由于这一数据采集难度较大，故用人均公园绿地面积这一指数替换，因城市公园本身就是城市绿地系统的重要板块，在塑造城市文化形象、营造浓郁文化氛围方面具有重要作用。

2. 社会文化指数

如果说物质文化是城市文化的外在部分，那么社会文化则是城市文化的内在方面，关系到一座城市的文化品质。对此，笔者选取了城市形象与国际知名度、文化环境两个二级指数来衡量城市的品牌、吸引力及宜居性等内在品质，主要设想：一是从城市形象与国际知名度的角度表现城市的文化资本；二是从文化环境的角度来表现人文城市的宜居性。

---

① 贾巧丽. 图书馆政府采购存在的问题及对策［J］. 人力资源管理，2011（02）：130.

从城市形象与国际知名度指数来看，城市精神、市民文明程度、城市吸引力等方面构成了一座城市的对外形象和人文魅力。

从文化环境指数来看，生活环境、教育公平、居住成本、医疗及安全等涉及市民日常生活的内容构成了评价城市宜居性的主要指标。

在社会文化一级指数下，设二级指数 2 个，三级指数 10 个。

1）城市形象与国际知名度（文化资本指数）

（1）全国文明城市（区）。全国文明城市（区）是指在全面建设小康社会，推进社会主义现代化建设的新的发展阶段，坚持科学发展观，经济和社会各项事业全面进步，物质文明、政治文明、举止文明与精神文明建设协调发展，精神文明建设取得显著成就，市民整体素质和城市文明程度较高的城市（区）。全国文明城市（区）是国内所有城市品牌中含金量最高和创建难度最大的一个，是反映城市整体文明水平的综合性荣誉称号，也是城市综合类评比中的最高荣誉和最具价值的城市品牌。值得注意的是，未成年人思想道德建设工作评价是申报全国文明城市（区）的前置条件，比起其他指数而言，全国文明城市（区）这一指数更强调城市的总体素质，既是作为社会文明、社会和谐的聚焦，也在根本上标示着人类社会的发展所达到的一种和谐、文明状态。

（2）历史文化名城称号。“历史文化名城”是 1982 年根据北京大学侯仁之、建设部郑孝燮和故宫博物院单士元三位先生的提议而建立的一种文物保护机制，也是我国特有的，相当于国外的“文化遗产”，国外一般叫“Old City”或“Historical City”。这一指数与前文中的“历史文化村镇”指数的区别在于，相对于乡村、城镇而言，城市在文化传承与文化发展方面更具影响力与辐射力，城市文化的价值观越来越成为整个社会文化的主体，历史文化名城作为一个城市的品牌所塑造的城市形象和形成的城市吸引力也远高于历史文化村镇。

（3）全国道德模范数量。公民的道德水平体现着一个民族的基本素质，反映着一个社会的文明程度。一座城市的市民在特定的城市文化和城市精神的浸润下，内生出怎样的道德水平和行为习惯，会对一个城市的人文氛围发挥重要影响。

（4）市慈善捐助金额。慈善是一种高尚的道德行为，慈善事业是中国特色社会主义的社会公益事业，是社会保障体系的重要补充，对于测评一座城市的人情味，衡量一座城市的基本修养及市民素质方面，具有重要意义。因此，这也是指标框架中唯一一个找不到数据而依旧保留下来的指数。这一数据的缺失不在于难以统计，而在于信息的不透明。如果上海市慈善基金会、苏州市慈善基金会、宁波市慈善总会、无锡市慈善总会、南通市慈善总会、嘉兴市慈善总会、舟山市慈善总会把年度捐助金额及时公布出来，让市民能够清晰了解相关信息，相信会对我国的慈善事业发展起到一个较好的推动作用，对其他地区的慈善工作也有一定的借鉴意义。

(5) 全年接待国内外游客人次。在历年"中国旅游城市吸引力排行榜"中，研究者以旅游接待人数、旅游总收入和游客满意度得分三个维度来评价一座旅游城市对游客的吸引力，用游客数量来衡量一座城市的对外形象及吸引力是最简单直观的一种方式。其他诸如旅游总收入则因各地物价水平不同而难以完全公正地进行比较；而游客满意度等由于只能通过问卷来获得，并因其具有比较明显的主观性而在说服力上也大打折扣，因此笔者选择了全年接待国内外游客人次作为主要测评指标。

2) 文化环境（宜居性指数）

(1) PM2.5 指数。出门之前看实时空气质量报告已成为常态。在报告中，通常会给出今日的空气质量等级、PM 2.5 浓度、PM 10 浓度、二氧化硫浓度等一系列指标。经研究发现，其中 PM 2.5 对空气质量的影响程度（或相关程度）最大，其次是 PM 10 和二氧化氮浓度。因此可以说，PM 2.5 浓度与空气质量等级最为相关，是空气污染的主要元凶。① 近年来，环境健康性这一指标越来越成为阻碍城市留住人才的一大"心病"，也是建设人文城市首先要解决的问题。

(2) 义务教育阶段师生比。在中国老百姓心中有三件大事，即教育、医疗和住房，这三件事是民生的主体和基础，也是社会治理能力和公平正义程度的重要体现。其中，教育是百姓的头等大事。2016 年 9 月 9 日，习

---

① 张腾. PM 2.5 这个锅背的值吗？数据科学家建模给你论证下［EB/OL］.（2017－02－21）［2017－05－09］. https：//mp. weixin. qq. com/s/Bx1p0xO0j6i7Pu－1NxT26w.

近平总书记指出："教育公平是社会公平的重要基础，要不断促进教育发展成果更多更公平惠及全体人民，以教育公平促进社会公平正义。"[①] 义务教育的属性决定义务教育必须均衡发展。由于师生比反映的是一个办学机构中教师和学生人数的相对多少，是教育资源统计、教育教学管理活动中的重要指标，采用这个指标可以较好地反映一座城市在义务教育公平性方面的发展水平。

（3）房价收入比。房价收入比指标主要用于衡量房价是否处于居民收入能支撑的合理水平，直接反映房价水平与广大居民的自住需求相匹配的程度。近年来，关于大城市房价过高，导致大量年轻人"逃离北上广"的报道常常引起公众热议，从而进一步引发人们对大城市生活的各种诟病。这一指数在评价人文城市最基本的居住水平方面具有重要导向作用。

（4）每千人拥有医生数。每千人医生数是衡量人类发展状况和各个国家人权状况的重要指标之一。党的十六大在全面建设小康社会的发展目标中提出："到 2000 年，我国每千人医生数 2 人，高于世界平均水平，到 2020 年预计每千人超过 3 人。"这是反映居民卫生资源占有情况的指标，也是反映居民的生活质量和健康水平的重要指标，对评价人文城市中最基本的医疗服务水平具有参考作用。

（5）万人刑事立案率。刑事犯罪是和平时期个体挑战社会最激烈的方式，也是破坏治安秩序的一种极端行为。[②] 我国现行的治安环境评价体系中主要以刑事案件立案率为首要指标，刑事犯罪的数量，可从侧面显示出一座城市给予居民的安全感程度。

3. 人文文化指数

物质文化资源与社会文化资源强调的是人文城市建设过程中政府所应提供的文化服务，体现的是在物质、制度等方面的内容，人文文化资源主

---

① 魏梦佳，赵琬微．习近平看望北京市八一学校师生回访记［EB/OL］．（2016－09－11）［2016－10－23］．http：//www．chinanews．com/gn/2016/09－11/8000821．shtml．

② 秦立强．小康社会良好治安环境评价标准研究［J］．中国人民公安大学学报：社会科学版，2003（3）：22－26．

要强调和测评文化的产业性、消费性及个体性，在建设人文城市的过程中，人的因素比起物质、制度能更深、更持久地影响城市的人文环境和生态。从数据可采集和比较的角度出发，人文文化一级指数主要分为两个二级指数：优质文化人力资源指数与文化消费指数。

在人文文化一级指数下，设二级指数 2 个，三级指数 10 个。

1）优质文化人力资源（文化资本指数）

（1）文化艺术表演团体数量。文化艺术表演团体是指由文化部门主办或实行行业管理的专门从事表演艺术等活动的文化机构，涵盖戏曲、话剧、歌舞剧、木偶、皮影等众多艺术门类，是我国文化体系的重要组成部分。近年来，各城市的文化艺术表演团体大力开展艺术创作和生产，在繁荣演出市场、传播先进文化、开展艺术教育、提升全民素质等方面均发挥着重要作用，为推动人文城市建设做出了重要贡献。

（2）国家文化产业示范基地、园区数量。国家级文化产业示范基地、园区已发展成为文化产业的重要载体，催生出一批有较强实力、竞争力、影响力和自主创新能力的大型文化企业和企业集团，为全国文化产业的发展树立了标杆、做出了示范。

（3）国家级非物质文化遗产代表传承人数量。随着经济科技全球化的发展，以及我国经济建设和现代化进程的加快，大量产生于农耕文明时期的非物质文化遗产生存发展环境迅速改变，其消亡速度触目惊心，其中一个突出现象为传承人和传承活动难以为继。由于自然和社会等原因，主要以自然人为载体的传承活动受到巨大挑战，其生存状态日益艰难，传承环境不断萎缩，传承活动日益衰退。在传承人的保护和发展问题上，各地方政府作为公共文化的建设者、优秀传统文化的维护者和行政资源的使用者，必然要发挥更加重要和积极的作用。

（4）文化、体育、娱乐业从业人数。根据国民经济行业分类注释，文化、体育、娱乐业属于第三产业的重要组成部分，服务重点是提高科学文化水平和居民素质，具体包括新闻出版业、广播、电视、电影和音像业、文化艺术业、体育及娱乐业，是城市文化的核心内容，从事这一行业的人员数量直接决定了城市文化的质量与数量。

（5）每万人专利授权量。这一指标为国际通用指标，主要体现一个国家或地区的自主创新能力。具体指每万人拥有经国内外知识产权行政部门授权且在有效期内的发明专利件数，是衡量一个国家或地区科研产出质量和市场应用水平的综合指标，也是评价一个城市科技人文素质和范围的重要标准。

2）文化消费（文化产业指数）

（1）人均票房金额。一般认为，我国文化消费潜力巨大，尤其是三、四线城市有极大发掘空间。随着城市公共文化设施的不断健全，城市的电影消费不断增长，为各地的文化消费水平做出了较大的贡献。电影是文化产业的核心产业之一。衡量一座城市的文化消费水平不能只看有多少设施，人均票房金额作为一项比较容易采集的数据，可对一座城市的文化消费水平进行实证性的测量。

（2）各类会展活动数量。会展活动所产生的经济效应越来越受到业界和学术界的关注，被认为是地区经济发展的助推器。一般来说，会展活动一般选择在交通、通信、旅游等整体环境优越的城市举办，其中活动所依据文化基础设施水平如何，也是选址时一个重要的考虑因素。会展活动对城市具有拉动经济、扩大内需、改善城市基础设施、创造就业机会等作用，对提升城市文化水平、提高城市文化活力也有积极意义。

（3）娱乐教育文化用品及服务价格指数。这一指数反映居民家庭购买娱乐教育文化用品项目费用价格变动趋势和程度的相对数。作为居民消费价格指数（CPI）的分项，从全国范围来看，近几年这一指数的变化比较平稳，主要是其中除了教育，其他都是非必需品，一般的家庭为了支持食品、房屋、教育等开支，也往往会最先削减娱乐方面的开支，比如少去看电影、少旅游；而与娱乐相关的耐用消费品，比如电脑、电视等，在价格上越来越便宜，又比较耐用。因此，这一指数对于观测该城市居民的文化消费能力具有重要作用。

（4）互联网宽带接入用户数。2013 年 8 月 17 日，国务院发布了“宽带中国”战略实施方案，目的是加快我国通信基础设施的建设。在这一战略的落地和拓展中，我国宽带网络和移动互联网的快速建设、智能终端的日益普及，互联网对文化产业及其消费形态、消费渠道等各层面正产生越来越广泛的影响，而互联网与文化产业的碰撞与融合也逐步形成了一个全新的产业生态，包括网络阅读、网络游戏、网络动漫等在内的互联网文化产业经过短短几年的发展，仅在国内已形成千亿元级产业规模，“互联网文化”成为文化产业和文化消费市场一个极其重要的拉动引擎。

（5）旅游产业增加值。旅游产业增加值是指由旅游产业和经济体的其他产业为响应境内旅游消费而产生的增加值。旅游产业增加值是反映旅游业对国民经济贡献的一个重要指标，也是该城市文化消费指数中重要的参考值。

第三节　上海大都市圈人文城市发展情况及主要评价

一、上海大都市圈新战略的提出

1. 城市群与都市圈的辨析

城市群是一个在人口、经济、社会、文化和整体结构上具有合理层级体系，在空间边界、资源配置、产业分工、人文交流等方面具有功能互补和良好协调机制的城市共同体。[①]“都市圈”是指由其核心作用的一个中心城市或几个大城市再加上周边受到中心城市强烈辐射、有着紧密联系地区组成的城市经济区域，是城市群发展到成熟阶段的最高空间组织形式。

关于我国城市群与都市圈的关系，可以简单归纳为三方面：

首先，从人口和空间上看，城市群作为人类城市化进程的最高空间组织形式，其空间总量和人口规模不仅比一般的城市，也比区域范围有限的都市圈要大得多。但都市圈作为对城市群各种资源再次集聚和深度优化的新空间形态，一般来说在城市创新发展活力、城市化质量和城市社会服务功能上要强于相对松散的城市群。

其次，从进入国家战略的时间上看，我国城市群要早于都市圈或城市

① 刘士林，刘新静，张懿伟，等. 城市群：未来城镇化的主平台［N］. 光明日报，2014-06-03（11）.

圈。城市群于2005年国家“十一五”规划首次提出，并在2014年《国家新型城镇化规划》中被明确为我国新型城镇化的“主体形态”。2016年3月5日，李克强总理在十二届全国人大四次会议上作《政府工作报告》时提出：在“十三五”时期要规划建设19个城市群，外加拉萨和喀什两个城市圈（城市圈也叫都市圈）。这主要是由于这两个城市周边城市稀疏，在规模上不符合城市群的要求。

最后，在城市群和都市圈两者之间，存在着一种相互依存的内在机制。如果说，改革开放以来，我国城镇数量和总体规模不断扩大，为作为城市高级形态的城市群规划建设打下了坚实基础；那么也不妨说，也正是由于我国城市群近年来在经济、人口等方面的快速发展，也为都市圈的出现创造了社会经济条件。

2. 上海大都市圈战略的提出和意义

坦率而言，我国城市群规划建设已取得巨大成就，如我国排名居前的十大城市群（京津冀、长三角、珠三角、山东半岛、辽中南、中原、长江中游、海峡西岸、川渝和关中），以不到1/10的土地面积，承载了全国1/3以上的人口，并创造了全国1/2以上的GDP，但同时也存在着一些突出问题和矛盾，其中最突出的是缺乏引领城市群的优质城市组团，而只有个别大都市一枝独秀又容易造成两极分化。

正是在这个背景下，作为中国现代化和开放性程度最高的上海，依托我国综合指数排名第一的长三角城市群，在远景目标上提出了建设上海大都市圈的宏伟战略。2016年8月22日发布的《上海市城市总体规划（2016—2040）》提出：“发挥上海在‘一带一路’和长江经济带战略中的作用，强化上海对于长三角城市群的引领作用，以上海大都市圈承载国家战略和要求，具体包括上海、苏州、无锡、南通、宁波、嘉兴、舟山在内的‘1+6’城市群范围，总面积为2.99万平方千米，总人口约5 400万，积极推动上海大都市圈同城化发展，引领长三角迈向具有全球影响力的世界级城市群。”

在某种意义上说，提出上海大都市圈的战略意图非常明显：一是由于长三角城市群的区域范围不断扩展，对长三角的发展速度和发展质量已有所拖累，并由此影响到国家关于长三角建设世界级城市群的战略实施，必须通过优势重组为长三角找到新的发展动能和引擎；二是近年来长三角首位城市上海在经济发展上一直面临较大压力，这与上海自身在空间、资源、人力等方面的约束逐渐增大密切相关，要发挥上海在“一带一路”、长江经济带等国家战略中的枢纽地位，也必须通过空间布局的深化改革和创新获取更多的发展资源和优势。

3. 上海大都市圈规划的人文内涵与向度

上海大都市圈作为长三角城市群的优质板块，从一开始就规避了城市群规划建设中的一些问题，这集中体现在“上海 2040”从一开始就关注到都市圈的文化问题和人文建设。笔者反复强调，城市群主要有两种发展方式：一是传统的主要以经济、交通和人口作为测评指标的“经济型城市群”；二是新出现的主要以生态、文化和生活质量作为评判标准的“文化型城市群”。在全球人口爆炸、能源危机、生态环境急剧恶化的当下，“文化型城市群”日益成为全球城市化和区域发展的新潮流和新趋势。目前我国城市群走的都是“经济型城市群”发展道路，尽管在短期内经济总量、交通基建和人口规模增长很快，但也导致了“物质文化”“人文精神”及“硬实力”“软实力”的严重失衡和不协调，以“文化型城市群”取代“经济型城市群”发展模式已势在必行。在与城市群具有“同形同构”的同时，“功能更加优化”的都市圈，必然要走出一条交通、经济、人口增长与文化、生态、生活质量协调发展的新路。

顺应时代的要求，《上海市城市总体规划（2016—2040）》提出“加强区域文化共融共通。探索水乡古镇联动开发和世界文化遗产申请等策略，共同促进江南文化以及中国历史文化的传承、再塑与创新”，就是基于建设大上海文化都市圈的建设思路而提出的战略目标。相对于《长江三角洲城市群发展规划》中的范围，上海大都市圈的范围更集中，从空间距离来看，苏州、无锡、南通、宁波、嘉兴、舟山 6 座城市离上海的直线距离都为 80～160 千米，它们不仅受到上海强烈的辐射力，而且相互之间由于远有相同的江南文化底蕴为“经”，近有长三角城市群紧密联系的产业合作为“纬”，因此，以上海为核心的上海大都市圈完全能形成强大的

“文化场效应”，并必将为长三角城市群和整个国家新型城镇化做出新的示范。

4. 上海大都市圈人文城市规划建设的资源条件

苏州、无锡、宁波等本身都是人口超百万的特大城市，同时也是上海大都市圈的一个有机组成部分。都市圈概念建立的主旨是打破行政界限的束缚，从经济、文化、环境等功能的整体需求与发展趋势构建更加完善和健康的城镇群体空间单元。

苏州东邻上海，西枕太湖，北依长江，南接浙江，自然条件优越，历史悠久。自唐代起就逐渐成为我国经济中心之一，明清时期，苏州地区手工业发达，加上大运河的漕运，苏州成为当时中国最繁荣的经济中心城市之一，上海曾是其外港。鸦片战争后，上海的地位迅速崛起，苏州反而成为上海的腹地城市。改革开放后，苏州充分利用有利的环境和与上海之间的历史渊源关系及地缘优势，主动对接上海技术和设备的扩散，乡镇企业异军突起，实现了经济超常规的发展。从经济联系来看，苏州实际上已成为上海大都市区的一部分。随着沪苏轻轨的建设、沪宁高速铁路的建成、上海在苏州的太仓设立后备水厂以及上海市民在苏州大量购置房地产，加上文化背景的近似性，苏州未来的发展与上海将更加密不可分。①

无锡素有“小上海”之称，位于长江三角洲平原腹地，北倚长江，南濒太湖，东接苏州，西连常州，构成苏锡常都市圈。无锡的成功得益于与上海经济的互动联系。它是由于上海“增长极”的创新功能作用而成长起来的新“增长极”，两个城市之间经济要素流动越复杂，双方间经济互动关系愈密切。双方相互依赖，各自在对方的扶助下获得了协调发展的契机，从而奠定了不同等级区域中心的地位。②

南通位于江苏东南部，东抵黄海，南望长江，与上海、苏州灯火相邀，西、北与泰州、盐城接壤，“据江海之会、扼南北之喉”，被誉为“北

① 刘荣增，崔功豪，冯德显. 新时期大都市周边地区城市定位研究——以苏州与上海关系为例 [J]. 地理科学，2001 (2)：158 - 163.

② 郑衷. 近代中国区域城市的经济关系——基于对上海与无锡互动的考察 [J]. 江海学刊，2011 (3)：173 - 180.

上海”，是上海都市圈北翼的江海门户及重要成员。在中国近代文化科教史上，南通创办第一所师范学校、第一座民间博物苑、第一所纺织学校、第一所刺绣学校、第一所戏剧学校、第一所中国人办的盲哑学校和第一所气象站“七个第一”，被称为“中国近代第一城”。作为中国老龄化最高的城市，南通人口平均寿命达 80.71 岁[①]，2014 年 5 月，南通被国际自然医学会、世界长寿乡认证委员会授予全球首个“世界长寿之都”。南通对自己的定位为“东部沿海江海交汇的现代化国际港口城市，上海北翼的经济中心和门户城市，发展现代服务业、高新技术产业和先进制造业”。

嘉兴位于浙江省东北部、长江三角洲杭嘉湖平原腹心地带，东临大海，南倚钱塘江，北邻太湖，西接天目之水，大运河纵贯境内。从 1992 年开始提出“接轨上海”，近几年市委、市政府更是把接轨上海放在嘉兴五大发展战略之首的重要地位。[②] 嘉兴的优势在于嘉兴靠近上海，且位于上海、苏州、杭州、宁波四个城市之中心，是处于中国经济最活跃、最发达地带的中心，这是嘉兴得天独厚的优势。[③] 2017 年 4 月，浙江省政府正式批复嘉兴设立浙江省全面接轨上海示范区。嘉兴将通过打造上海创新政策率先接轨地、上海高端产业协同发展地、上海科创资源重点辐射地、浙沪一体化交通体系枢纽地、浙沪公共服务融合共享地，力争到 2020 年建成浙江省全面接轨上海示范区，为全省全面接轨上海提供示范。[④]

宁波地处东南沿海，位于中国海岸线中段，长江三角洲南翼，东有舟山群岛为天然屏障，北濒杭州湾，西接绍兴市的嵊州、新昌、上虞，南临三门湾，并与台州的三门、天台相连，既是浙江省副省级市，又是计划单列市，是长三角五大区域中心之一、长三角南翼经济中心，是中国大运河南端出海口、“海上丝绸之路”东方始发港，也是中国著名的院士之乡。2016 年 7 月，宁波杭州湾新区宣布全面启动沪甬合作示范区建设，通过《宁波杭州湾新区全方位接轨上海三年行动计划（2016—2018）》，明

---

① 陈明，付奇，季铖. 南通成全球首个“长寿之都”平均寿命达 80.71 岁［EB/OL］.（2014 - 05 - 29）［2017 - 04 - 29］https：//js.qq.com/a/20140529/007672. htm.

② 陈才庚. 嘉兴融入上海大经济圈的理性思考［J］. 嘉兴学院学报，2002（6）：12 - 16.

③ 毛良雄. 嘉兴接轨上海、融入长三角的发展对策［J］. 嘉兴学院学报，2003，15（Z1）：5 - 9.

④ 富庆熙. 嘉兴设立浙江省全面接轨上海示范区［N］. 中国经济导报，2017 - 04 - 22（A02）.

确了近三年重点项目和任务清单，将全面推进与上海在基础设施、要素市场、产业平台、社会事业和生态环境等领域互联互通，推动两地在市场监管、政府服务、社会管理等方面的协同协调，增强两地在不同层面、不同领域、不同界面的互信互动和战略合作。[①]

舟山是我国第一个以群岛建制的地级市，隶属于浙江省，位于长江口南侧、杭州湾外缘的东海海域。在《浙江舟山群岛新区建设三年行动计划》中提出，开展舟山本岛至上海北向大通道、岱山至舟山本岛疏港公路、甬舟铁路等一批重大项目前期研究，[②] 正是与《上海市城市总体规划（2016—2040）》中提到的“构建以铁路为主导的多种方式交通网络，形成 90 分钟交通出行圈，突出同城效应”的呼应。

二、上海大都市圈人文城市发展指数排名情况

1. 计算模式说明

基于笔者前期设计、采集和建构的《上海大都市圈人文城市发展指数数据库（2017）》（数据更新到 2014 年）所提供的数据资料，研究确立了相关计算标准：

（1）数据缺失的指标以分值为“0”处理。

（2）指标体系中存在部分逆向指标，如 PM 2.5 浓度、万人刑事立案率等，为保证综合评价的准确性，对这部分逆向指标做正向化处理，使所有指标同趋势化。为保证指标的相对分布规律不变，此处采用 $y = \max - x$ 的线性变换方式处理。

（3）为消除不同变量之间的量纲关系，使数据具有可比性，指标正向化处理后，需对所有指标进行标准化处理，使所有数据无量纲化。采用极差变换法、标准化法和均值化法等方法分别对所有指标数据进行标准化处理后，观察典型指标处理前后的变异程度，最终选取均值化法进行数据处理。

（4）数据标准化后，结合所有指标权重计算各城市的综合人文城市指

① 黄程. 杭州湾新区全面启动沪甬合作示范区建设［N］. 宁波日报，2016-07-27（A1）.

② 程鹏宇. 甬舟铁路已形成隧道或桥梁两种方案：舟山远期规划将连接上海［N］. 杭州日报，2016-01-27（A12）.

数，公式为：

$$y_i = \sum_{j=1}^{n} \lambda_j x_j$$

其中，y_i 为第 i 个城市的人文指数测算值，λ_j 为该城市第 j 个指标的权重，x_j 为该城市第 j 个指标的数据。

按照上述计算原则与公式，得出上海大都市圈各城市的人文城市综合发展指数总体评分（见表 6－2）：

表 6－2　上海大都市圈人文城市综合发展指数总体评分

城　　市	总　　分
上　　海	0.337 206
苏　　州	0.190 197
宁　　波	0.118 414
无　　锡	0.095 396
舟　　山	0.077 553
嘉　　兴	0.076 824
南　　通	0.068 409

2. 上海大都市圈人文城市综合发展指数排名分析

如图 6－1 所示，上海大都市圈人文城市综合发展指数总体评分排名为：第一名为上海；第二名为苏州；第三名为宁波；第四名为无锡；第五名为舟山；第六名为嘉兴；第七名为南通。

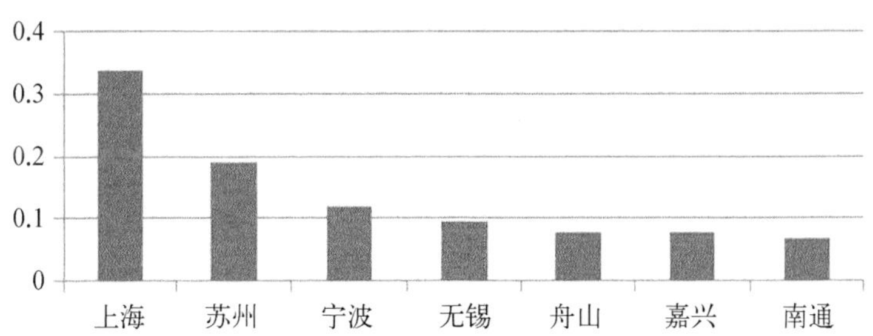

图 6－1　上海大都市圈人文城市综合发展指数总体评分排名

上海作为上海大都市圈的首位城市、中心城市，其领先地位岿然不动，这与上海大都市圈的定位是一致的，即使上海大都市圈主要是以经济、产业等发展为主要目标的一种构想或组合，但各城市固有的经济发展情况、城市建设水平，甚至是区位、人口、自然条件等因素，都会不同程度地影响人文城市建设的质量和水平。苏州与上海相比，虽然其总分近乎只是上海的一半，但比起其他 5 座城市，包括居于第三位的宁波，苏州的优势可以说是非常明显的，这主要得益于苏州丰厚的历史资源、良好的城市经济体系，以及在此基础上形成的城市魅力和吸引力等。宁波、无锡、舟山、嘉兴、南通的差距不大，其中，舟山因“文化环境”指标表现特别优秀，在总分上甚至领先于经济发展更快的嘉兴、南通两市，这也是各城市在制定文化战略和政策时需要研究和关注的。南通市在各个方面的表现都比较弱，尽管其对自己的定位是“东部沿海江海交汇的现代化国际港口城市，上海北翼的经济中心和门户城市”，但从人文城市发展的现状看，南通要想真正成为上海的门户城市，还需要付出更多的努力。

3. 上海大都市圈人文城市专项发展指数排名分析

以历史资源（延续性指数）、现代资源（多样性指数）、城市形象与国际知名度（文化资本指数）、文化环境（宜居性指数）、优质文化人力资源（文化资本指数）、文化消费（文化产业指数）6 个二级指标作为评分标准，得出上海大都市圈人文城市专项发展指数排名如下（见表 6－3）：

表 6－3　上海大都市圈各城市人文城市二级指标评分表

城市	历史资源	现代资源	城市形象与国际知名度	文化环境	优质文化人力资源	文化消费
上海	0.045 023	0.057 139	0.054 376	0.019 337	0.096 342	0.064 99
苏州	0.051 896	0.027 731	0.031 75	0.018 171	0.023 645	0.037 005
无锡	0.010 254	0.021 248	0.013 736	0.022 575	0.009 935	0.017 648

续表

城市	历史资源	现代资源	城市形象与国际知名度	文化环境	优质文化人力资源	文化消费
南通	0.006 086	0.009 271	0.013 221	0.0250 19	0.003 433	0.011 379
宁波	0.026 761	0.013 448	0.015 032	0.025 992	0.013 758	0.023 422
嘉兴	0.008 066	0.015 436	0.014 284	0.017 252	0.004 966	0.016 821
舟山	0.001 914	0.005 726	0.001 601	0.041 655	0.007 922	0.018 735

由表 6-4 显示，上海在物质文化方面总分最高，苏州第二，接下来依次是宁波、无锡、嘉兴、南通，舟山垫底。但二级指标中的历史资源一项居榜首的是苏州，上海排第二，宁波、无锡、嘉兴、南通紧追其后，舟山居末位；二级指标中的现代资源得分排名冠军仍是上海，亚军苏州、季军无锡，然后依次是嘉兴、宁波、南通与舟山。

表 6-4　上海大都市圈各城市人文城市物质文化指标得分排名

城市	物质文化指数得分排名	历史资源指数得分排名	现代资源指数得分排名
上海	1	2	1
苏州	2	1	2
无锡	4	4	3
南通	6	6	6
宁波	3	3	5
嘉兴	5	5	4
舟山	7	7	7

由图 6-2 与图 6-3 可知上海在物质文化指数上的总分与苏州相差不大，但从分项来看，上海在历史资源指数上的得分低于苏州，在现代资源指数上大大超过苏州，主要原因在于：一方面，上海的公共图书人均拥有量远远高出其他城市，是第二名苏州的两倍多，是最后一名南通的近 10 倍；另一方面，近代上海是中西文化的交汇点，也是中国高等教育最发达的城市之一。从数据来看，上海的优质高等教育资源远远高于其他城市，这不仅显示出对优质人才的强大吸引力，同时也对上海市民整体文化素质的提高、文化氛围

的营造及文化服务的水平都产生了积极的影响。而南通、宁波、嘉兴、舟山四地，却一所“名校”也没有。因此，虽然上海的历史相比较其他城市要短，但在现代文化资源的积累上的表现却是其他城市很难比拟的。

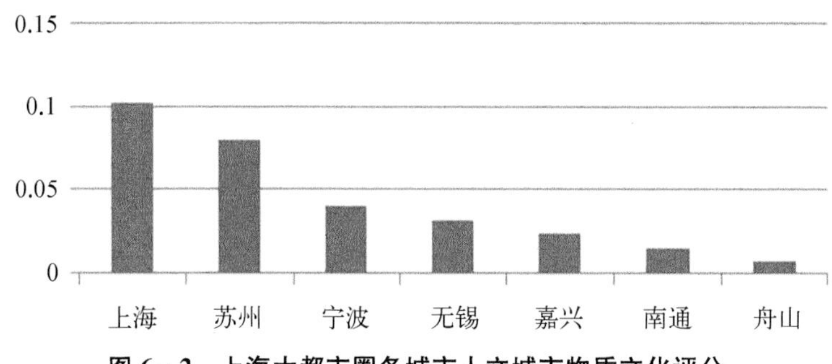

图 6-2 上海大都市圈各城市人文城市物质文化评分

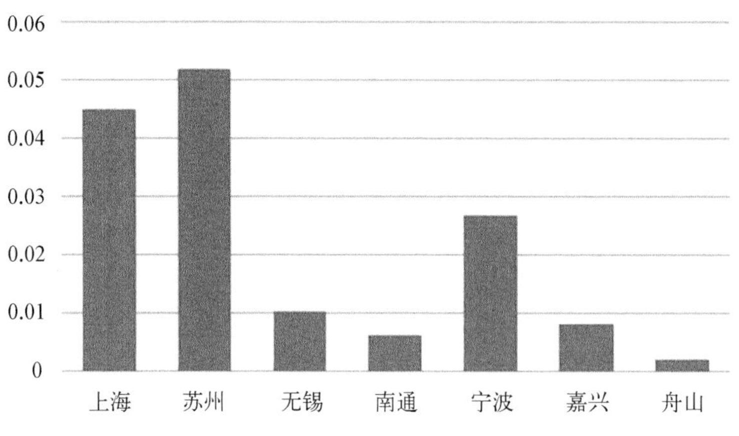

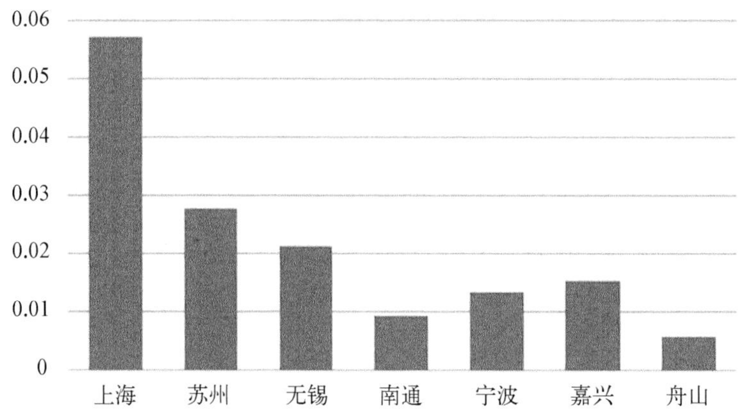

图 6-3 上海大都市圈各城市历史资源（上）、现代资源（下）评分

宁波在历史资源指数上表现也不错，特别是“中国传统村落数量”是7座城市中最多的，且在现代资源中“剧场影院数”也居榜首，但由于“人均公园绿地面积”数据的缺失，按照缺失数据按“0”处理，必然对宁波的物质文化总分得分产生不利影响。同时，笔者也希望借助这种通用的处理方式，督促有关城市在数据统计与公布方面加强工作。

据全国绿化委员会办公室发布的《2014年中国国土绿化状况公报》显示，2014年我国城市人均公园绿地面积为12.64平方米。[①] 在已采集到的5座城市数据中，只有南通低于这一平均值，仅为8.8平方米。江南地区多园林，苏州的5A级景区数是第二名上海和无锡的2倍，人均公园绿地面积为14.96平方米，不仅高出全国平均水平，也是7座城市中最高的。

如表6-5所示，社会文化指标得分最高的是上海，苏州第二，舟山跃居第三，宁波、南通、无锡分列第四、五、六位，嘉兴位列最末一位。从二级指标来看，城市形象与国际知名度排名第一的是上海，苏州依旧第二，然后依次是宁波、嘉兴、南通、无锡，最后是舟山；而文化环境指标的排名则有些出乎意料，舟山脱颖而出，抢占鳌头，宁波不甘落后，排名第二，南通第一次挤进了前三，无锡跑到上海、苏州的前面，嘉兴被挤到最后一位。

表6-5　上海大都市圈各城市人文城市社会文化指标得分排名

城市	社会文化指数得分排名	城市形象与国际知名度指数得分排名	文化环境指数得分排名
上海	1	1	5
苏州	2	2	6
无锡	6	6	4
南通	5	5	3
宁波	4	3	2
嘉兴	7	4	7
舟山	3	7	1

① 佚名. 城市人均公园绿地面积12.64平方米［N］. 南方日报，2015-03-12（A12）.

在社会文化指数方面，上海大都市圈的各城市之间的差距并不明显，除了上海稍显突出外，其他6市的发展水平几乎持平，特别是大家都以为各方面相对落后的舟山，在这一评分中排名第三，紧跟排名第二的苏州之后（见图6-4）。从二级指标来看，舟山的城市形象与国际知名度的排名中也是垫底的，且与其他城市之间的差距明显，但在文化环境指标上一跃

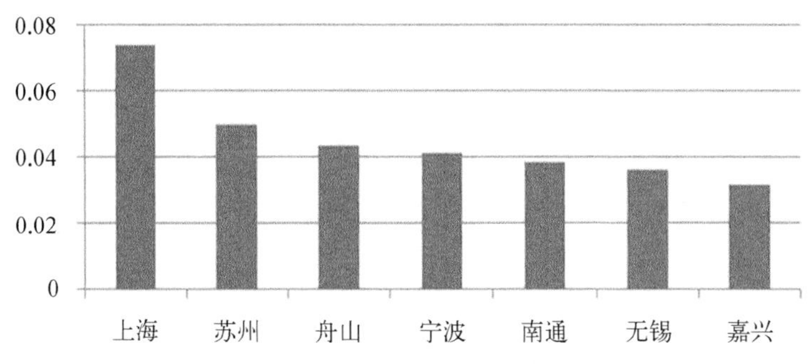

图6-4　上海大都市圈各城市人文城市社会文化评分

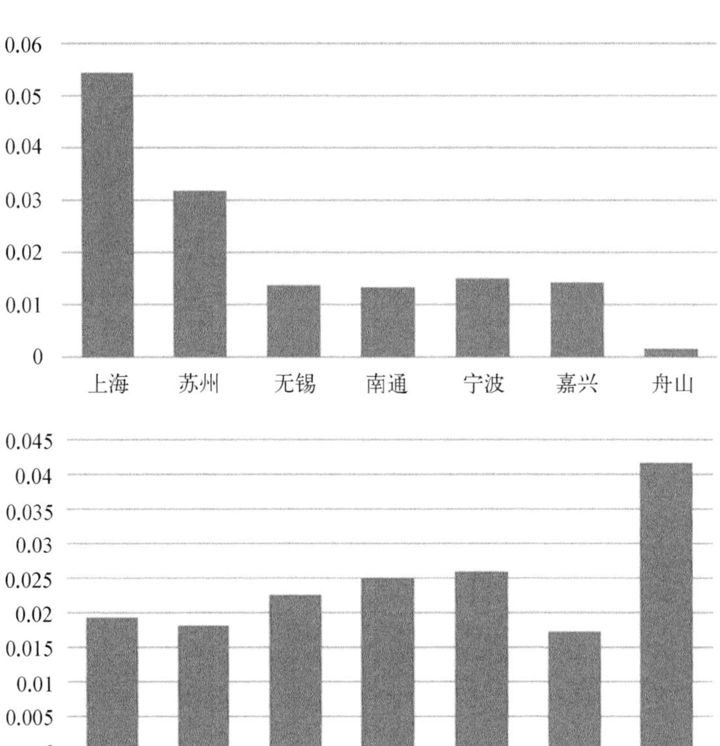

图6-5　上海大都市圈各城市的城市形象与国际知名度（上）、文化环境（下）评分

成第一名，事实上，文化环境指标显示的是一座城市的宜居性。就此而言，舟山的城市形象与国际知名度和自身的文化环境反差巨大，说明舟山市政府在充分利用自身资源、树立城市品牌、构建文化城市形象方面的能力有待提高（见图 6－5）。

如表 6－6 所示，在人文文化指数的排名中，上海、苏州分别稳居第一、第二位，宁波第三，无锡第四，舟山、嘉兴分列第五、六位，南通则落后于其他城市（见图 6－6）。从二级指标优质文化人力资源和文化消费指数的得分排名看，上海、苏州、宁波构成了坚固的“铁三角”，牢牢“霸占”前三名的位置，无锡与舟山轮流坐了第四和第五把交椅，而嘉兴与南通则分别位列第六、第七（见图 6－7）。

表 6－6　上海大都市圈各城市人文城市物质文化指标得分排名

城市	人文文化指数得分排名	优质文化人力资源指数得分排名	文化消费指数得分排名
上海	1	1	1
苏州	2	2	2
无锡	4	4	5
南通	7	7	7
宁波	3	3	3
嘉兴	6	6	6
舟山	5	5	4

优秀传统文化传承不仅是文化遗产的保护和传承，更重要的是人的优秀传统文化品德的传承，上海“十三五”文化发展目标提出“开展优秀传统文化普及”的具体任务，通过学校、街镇、社区、媒体等渠道，全方位推动优秀传统文化进入市民生活。[①] 这些政策从侧面论证了上海为何在人文文化指标上毫无悬念地占据榜首，特别是从“优质文化人力资源”这一指标看，其下属 5 个三级指数中，上海在所有分项的得分上均高于其他城市，特别如“文化艺术表演团体数量”“文化、体育、娱乐业从业人数”

① 曹继军，颜维琦. 建设国际文化大都市［N］. 光明日报，2017－01－03（09）.

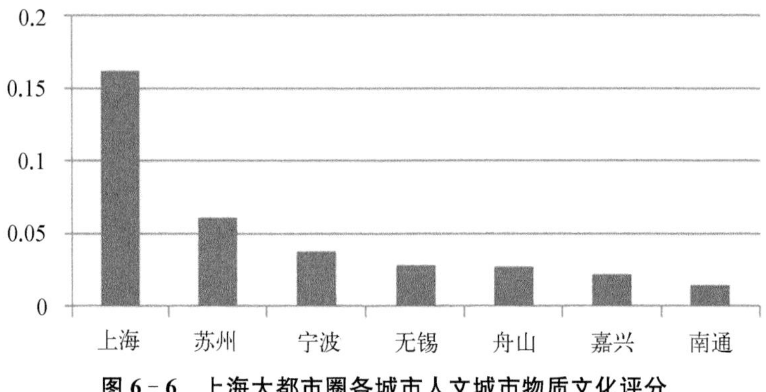

图 6-6 上海大都市圈各城市人文城市物质文化评分

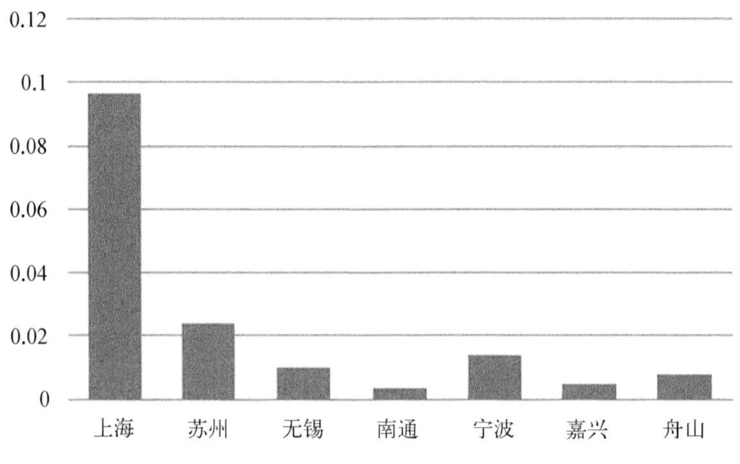

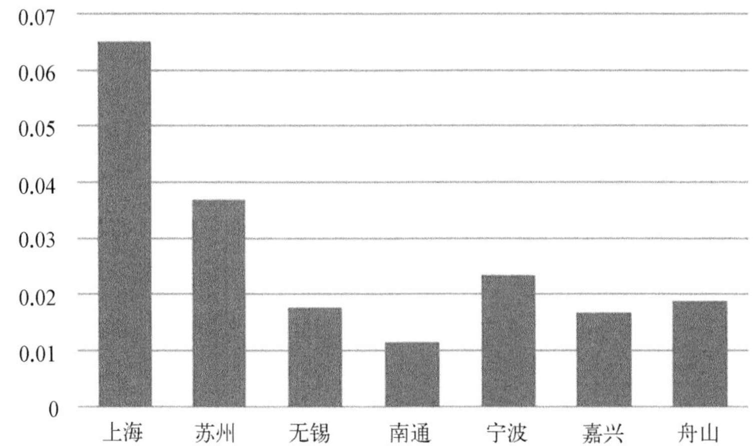

图 6-7 上海大都市圈各城市优质文化人力资源（上）、文化消费（下）评分

"国家级非物质文化遗产代表传承人数量"等与"人"相关的指标，上海的数值常常是第二名的数倍，而上海对优质文化人才的吸引力更是无须赘述。

在"文化消费"这一指标上，上海虽然也大幅度领先于其他城市，但在"旅游产业增加值"这一单项上却低于苏州，结合社会文化指标中的"全年接待国内外游客人次"来看，上海在游客量上是苏州的2倍，但在旅游产业的经济效益上却不如苏州，说明更多的游客只是将上海作为一个"景点"而"路过"，苏州却能把游客"留下"。这一方面与上海拥有先进的国际、国内交通设施，是长三角地区最大的交通枢纽站，许多游客"借道"上海去往其他城市有关联；另一方面也与上海在"全国重点文物保护单位数量""5A级景区数量""历史文化村镇数量"等"硬件"上比不过苏州有关。

在"各类会展活动数量"这一分项上，上海近乎是其他城市总和的两倍，但由于承办了太多会展展览，对上海的整体环境也造成了较大的压力，因此需要考虑如何将这种过度集聚的会展功能转移、分布到上海大都市圈中。就此而言，如2017年5月上海市旅游局发起举办的中国会议与商务旅行论坛暨交易会，其中提出在长三角地区联合打造国际会展目的地城市群①等，都是值得肯定和推进的。

三、上海大都市圈各城市人文城市发展情况分析

雷达图（Radar Chart）是一种用于多指标综合评估过程中，对构成最终综合表现的各指标的客观情况、相对水平和变动情形等进行直观呈现的分析方法，其优点是能简洁、生动地表现各分项的贡献、优势要素和短板等内容。

本书在上海大都市圈人文城市发展情况的分析中首次使用这种方法，可综合表现各城市在历史资源、现代资源、城市形象与国际知名度、文化

① 陈爱平. 长三角城市期待联合打造国际会展目的地群［EB/OL］.（2017-05-11）［2018-03-04］. http：//www. xinhuanet. com//2017-05/11/c_1120957902. htm.

环境、优质人文资源和文化消费 6 个方面的排名情况，一方面便于展示各城市中 6 个分项对其综合排名的贡献和影响，另一方面也能直观表现出各城市在人文城市建设方面的优势和劣势，便于各城市进行有针对性的调整和改善。

如图 6－8 所示，上海在城市形象与国际知名度、现代资源、优质人力资源及文化消费四个方面的表现比较出色，全部领先于其他 6 座城市，说明上海在近代以来所树立的“远东第一大都会”的文化品牌依然如故，并作为海派文化发源地在长三角地区具有重大的影响力，同时对周边优质人才的吸引力和对文化产品的消费能力都是相当强的，上海在历史资源方面的表现尽管稍弱，但也仅次于苏州，而强于其他 5 市。一般认为，上海的历史积淀比较弱，其实这是相对于西安、北京等千年古都而言的，上海从元朝至元二十九年（公元 1292 年）开始建制，到清代 1842 年开埠，历时 550 多年，虽在战争与“文化大革命”期间损失了一部分文物古迹，但由于上海市民文化水平普遍较高、高层次人才较多，对于历史文化资源价值的认识较早，因此保留下来的历史资源总量仍较大。在所有的二级指标中，上海在文化环境方面表现较差，这是上海在人文城市建成中最大的“软肋”，也是导致人文城市均衡性发展失衡的唯一“痛点”。“安居”方能“乐业”，“文化环境”与其说是文化发展的产业环境，毋宁说是关乎城市生活的价值和意义的大环境。“城市，让生活更美好”

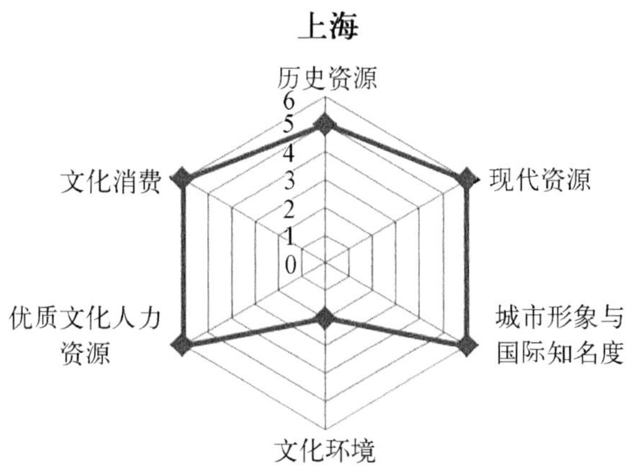

图 6－8　上海人文城市综合发展指数评分雷达图

是人文城市建设的核心目标，“文化环境”能反映人文城市建设之路的基础打得好不好。在这个意义上，上海接下来需要做的是如何在文化治理上以绣花的功夫为市民日常生活服务。

如图 6－9 所示，苏州的情况与上海极为相似，历史资源、文化消费、优质文化人力资源、现代资源及城市形象与国际知名度 5 个指标表现较好，特别是历史资源方面是苏州最大的得分项，也明显高于其他 6 市，居于榜首位置。同样，苏州的“文化环境”指标也拖了后腿。总的来看，苏州与上海存在相同的优势也有同样的问题，就像两者在历史上曾互以对方为榜样一样，两座城市在人文城市建设的思路与方法上也陷入了同样的窠臼，这是一个值得思考和协同对待的问题。

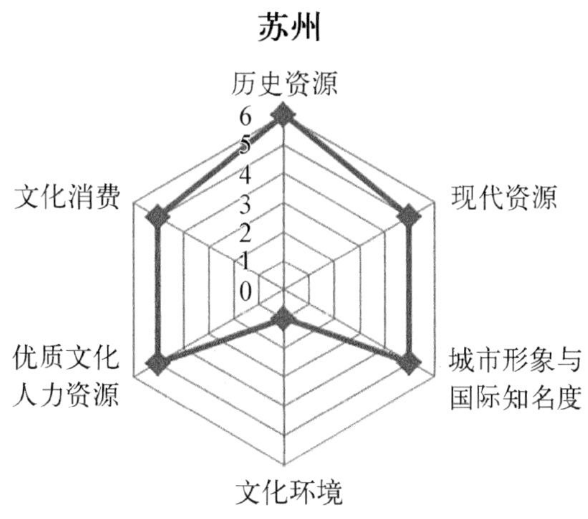

图 6－9　苏州人文城市综合发展指数评分雷达图

如图 6－10、图 6－11 所示，宁波与无锡的人文城市发展情况比较相似，总的来说属于表现一般但比较均衡。相对来说，无锡的现代资源指标比宁波略强，宁波的总体表现比无锡略优，但综合各方面看，两者都属于中等水平，没有特别可取之处，也没有特别糟糕的地方。这也说明两者需要在每个方向都付出更多的努力，在保持均衡发展的同时，力争在总体上更上一个层次。

如图 6－12、图 6－13、图 6－14 所示，南通、嘉兴、舟山 3 座城市的人文城市发展现状均表现出明显的不均衡性，特别是南通与舟山两市，除

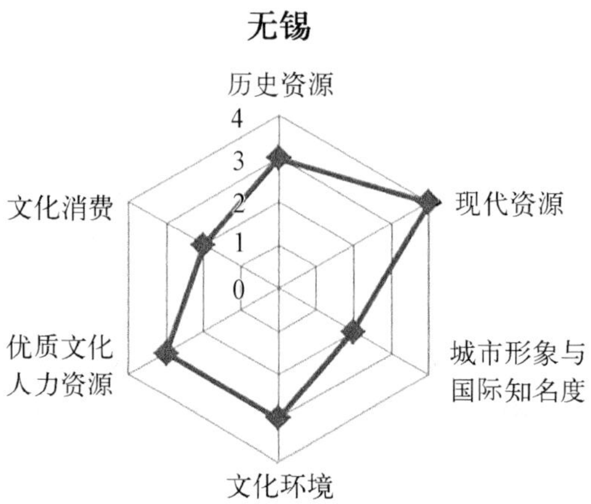

图 6-10　无锡人文城市综合发展指数评分雷达图

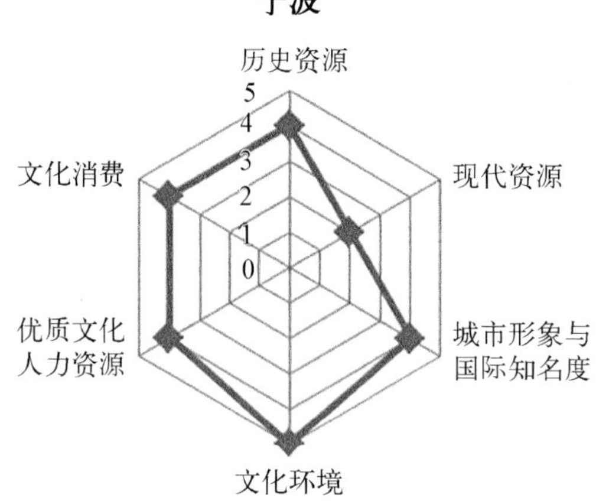

图 6-11　宁波人文城市综合发展指数评分雷达图

了“文化环境”这一指标稍有特色外，其他方面都差强人意。据有关报告，在2015年中国十大宜居城市中，舟山在全国289个城市中位列第三。[①] 在大部分城市的“房价收入比”指数和“万人刑事立案率”指数数据缺失的情况下，舟山凭借优良的空气质量在这一项上得分最高，在“文化环境”这一指标上拔得头筹。

值得注意的是，南通市是中国老龄化最严重的城市，南通的剧场影院数量不算最少，但人均票房却很低，主要原因在于看电影群体以年轻

① 佚名. 十大宜居城市舟山再次上榜排名第三［EB/OL］.（2016-06-02）［2017-04-27］. https：//zj. zjol. com. cn/news. html?id=357231.

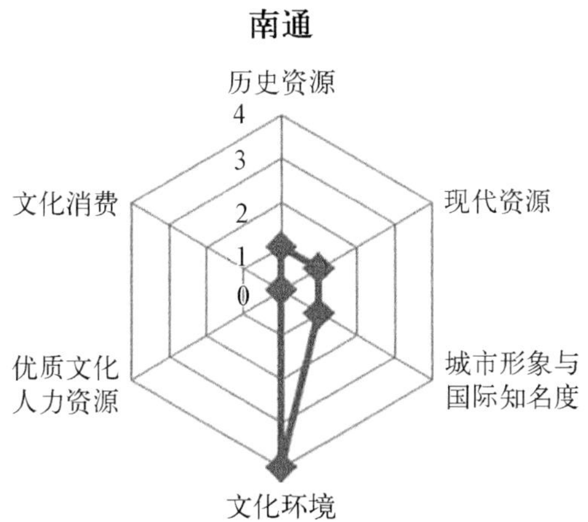

图 6－12 南通人文城市综合发展指数评分雷达图

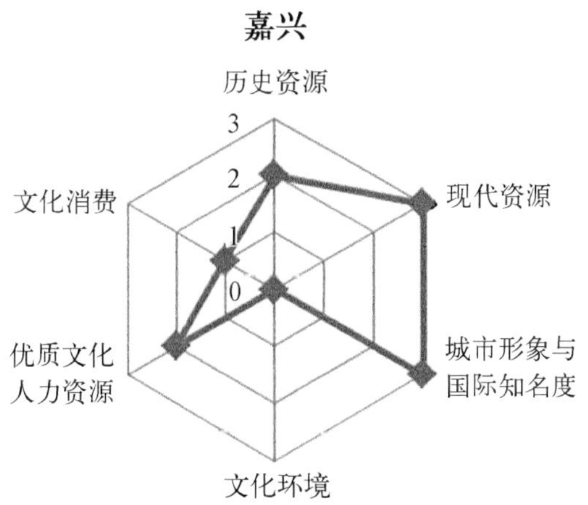

图 6－13 嘉兴人文城市综合发展指数评分雷达图

人为主，因此“文化消费”这一指数得分最低；南通市的人均公共图书藏书量在上海大都市圈中是最少的，这一点与优质人力资源总分最低也呈正相关关系；对老年人来说，健康是最重要的事，但南通市政府在这方面提供的资源显然不能让人满意，如南通市的人均公园绿地面积低于已有数据的其他城市、每千人拥有医生数也仅 2.1 人，在 7 座城市中的排名均垫底。

综上，可对上海大都市圈 7 座城市得出总体评价：上海与苏州的发展现状处于第一梯队，总体表现比较优秀，但在“文化环境”方面存在较明

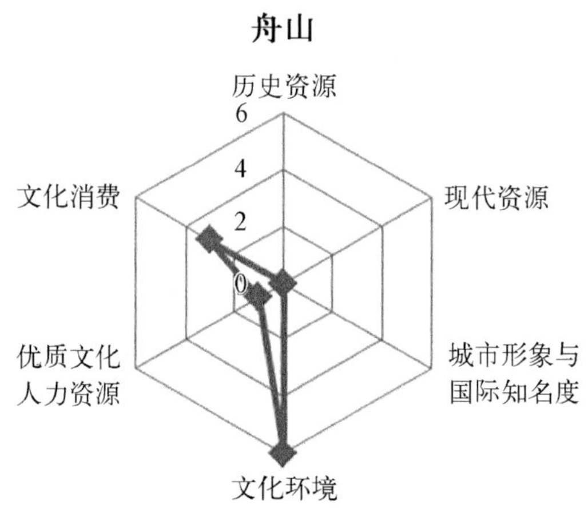

图 6-14 舟山人文城市综合发展指数评分雷达图

显不足，需要研究和实施“集中兵力”的人文城市发展战略；无锡、宁波的发展现状处于第二梯队，在总体发展上比较均衡，但同时各方面也都有较大的上升空间，需要研究和实施“穿插作战”的人文城市发展战略；嘉兴、南通和舟山处于第三梯队，发展的均衡性差且优势指标很少，不仅要想办法突出特色，更需要花大力气打好基础，需要研究和实施“全面突击”的人文城市发展战略。

第四节 关于促进上海大都市圈人文城市发展的建议

上海大都市圈在空间上拥有丰富的城市文化资源和生活方式资产，但由于各城市普遍存在着重视程度不够及协作意识不强、文化发展思路简单且缺乏战略创意、区域文化合作处于“浅表阶段”、缺乏有效协调手段和联动机制、文化规划“同质化”现象较突出、文化内涵和内容“千人一面”等问题，不仅直接制约着上海大都市圈的协调、均衡和精确增长，也在很大程度地影响了长三角世界城市群建设的质量和水平，是当下亟待研究和应对的挑战。

一、深刻反思长期以来固守的“海派文化”观念的问题与局限，为文化开放发展和成为上海大都市圈的真正文化领袖创造条件

海派文化是上海20世纪前期形成的文化主流形态，也是当今一些学者一再提倡和固守的上海文化建设主题。但“海派文化”观念自身存在着很多问题，并不适合以其来引领上海大都市圈人文城市建设的开放发展。

首先，从时间上看，海派文化多用来指称19世纪三四十年代至中华人民共和国成立前的现代上海都市文化，这段文化的历史很短，不能囊括整个上海文化的丰富性。

其次，从内容上看，海派文化的本土内容偏少，趣味过于西化和时尚化，主要是一种殖民文化的产物，不易受到中国其他地区和城市的认同。

再次，在价值取向上看，海派文化特有的拜金主义、享乐主义、小资情调及颓废文化等较重，与今天提倡社会主义新文化建设及促进优秀传统文化复兴存在较大冲突。

最后，在心理感受上看，“海派”本就是一个贬抑之词，与北方文化质朴、醇厚的特点相比，上海文化总给人以小家子气之感，很多人对海派文化都有明显的排斥。

由此可知，把“海派文化”从上海文化主题“转移安置”为上海特有的文化资源和城市记忆，更有助于彰显其“海纳百川、谦和大气”的城市精神。

二、作为古代江南的核心区和长三角城市群的核心板块，上海应自觉承担起重建优秀江南文化的职责，为自身建设提供深厚的文化资源和可靠的价值纽带

江南文化的前身与主体是吴越文化，作为“古吴之裔壤”的上海，不仅人口组成与苏浙地区关系密切，本身也是江南文化的一个重要板块。以江南文化作为上海大都市圈的文化发展主题，可以为长三角区域一体化进

程提供一个共有精神家园。

首先，从时间上看，江南文化历史久远、根系发达，是长江文化的核心板块之一，占据了中国传统文化的半壁江山。江南文化接续了上海文化的“松江文脉”，有利于形成“传统”与“现代”交相辉映的上海文化新格局。

其次，从内容上看，江南文化主要包括古代的吴文化、越文化和现代崛起的海派文化，既有深厚的中国传统文化，又有其鲜明的现代性，适合上海、苏州、嘉兴、无锡、南通、宁波、舟山“七兄弟”共同建设。

再次，在价值取向上看，江南文化本质上是诗性文化，是中国古典人文精神的最高代表，充分表达了现代个体生命在更高层次上自我实现的需要，与上海世博会提出的“城市让生活更美好”高度一致，代表了我国在全面建成小康社会进程中的新目标。

最后，在心理感受上看，中国人对江南的感受普遍很好，代表着人们对美和诗意生活的追求。作为重要的中国传统文化资本，江南的品牌价值与齐鲁文化堪称“区域文化的双子星”。对江南文化的重建，不仅是对传统文化的复兴，也是建设社会主义新文化的重要策略。

立足于上海大都市圈发展建设，加快推进江南优秀传统文化复兴，可最大限度地消除“海派文化”后遗症，终结新时期以来上海和周边城市的“恩怨嫌猜”，是“合则两兴，离则多败”的明智之举。

三、布局开展“上海大都市圈人文城市示范区战略规划研究”，为促成国家层面出台相关政策和规范，推进上海大都市圈环境与社会、经济和文化的协同发展提供顶层设计

人文城市建设，战略规划先行。战略规划属于城市文化规划、设计与建设的顶层设计，目的是确立指导城市文化规划编制和统筹城市文化资源开发的理念、定位、模式和框架，决定了未来城市文化资源和文化政策配置的有效性，以及如何规避风险并抢得先机。

首先，开展上海大都市圈人文城市示范区战略主题设计研究。文化主题设计既要以独特的自然、历史、文脉等为基础，具有高度的贴

切性、生动的可识别性、语词的易记诵性以及丰富的可回味性，同时也要以洞察和把握世界与中国城市发展大趋势为基础，聚集零散、破碎或相关度不高的文化资源，形成具有承上启下、继往开来意义的创新发展目标。

其次，开展上海大都市圈人文城市示范区文化内容创意研究。以“战略主题”为中心思想和指导原则，发现和选取若干能代表上海大都市圈人文城市发展的符号与要素，为进一步地投资、开发、建设及推广提供独具特色、容易识别的“城市元素系列”和“城市创意清单”。

再次，开展上海大都市圈人文城市示范区重点文化项目布局研究。基于对上海大都市圈的“人文城市元素”和“人文城市创意”研究，结合上海大都市圈人文城市示范区发展战略的制度安排，研究论证一系列重大文化工程项目，形成上海大都市圈人文城市主体框架。

最后，开展上海大都市圈人文城市示范区文化开发策略研究。在建设文化强国和人文城市两大国家战略框架下，制定科学可行的文化开发策略，是提升上海大都市圈人文城市示范区软实力和综合竞争力的重要战略选项。

第七章
江南城乡建设的村落文化资源研究

中国自古以农立国，至今仍是农业大国。以农业聚落、林业聚落、牧村、渔村为主体形态，以块状聚落（团村）、条状聚落（路村、街村）、环状聚落（环村）、点状聚落（散村）为主要空间格局，以“春耕、夏耘、秋收、冬藏”“日出而作，日入而息”为基本生产生活方式，千百年来很少变化。20 世纪 80 年代以来，随着我国工业化和城市化的快速发展，特别是 21 世纪以来在经济全球化和世界城市化的影响下，沉睡千年、安宁静谧的“乡土中国”才被彻底打破。在环境与物质空间上，是钢筋水泥的高楼大厦拔地而起；在社会与精神生态上，是都市文化和消费生活方式横扫一切。前者直接剥夺了传统村落生存发展的“物质条件”，后者则严重污染了传统村落的文化生态与价值体系。由此可知，城市化进程是影响我国传统村落延续及其文化系统传承的主要矛盾，也是我们开展“传统村落文化特征分析与评价研究”的现实背景和应予关注的首要问题。

我国传统村落的衰落和破败虽由城市化而起，但并不能因此将“城市发展”与“村落保护”对立起来，更不能采取“要保护传统村落就必须拒绝城市化，甚至是反对城市化”的片面立场。这是因为，一方面，城市化是当今世界发展的主流和大趋势，在关注“城市”与“乡村”矛盾冲突的同时，也要看到它们深层次的相互依存关系，即城市化进程在加剧城乡人口迁移、资源分配、文化消费等固有矛盾的同时，也为综合解决城乡之间的危机与紧张提供了重要的理论资源与先进的实践框架。[①] 这是我们在研究中应秉持和需要明确的基本理念和价值立场，并以此为基础，在经济全球化和世界城市化的背景下，推动我国传统村落保护走出一条真正符合新型城镇化本质需要的美丽乡村和文化乡村发展道路。

在我国数量庞大、广泛分布的农村中，依托独特资源与环境条件、具有独特历史与文化特色的传统村落，在落实“注意保留村庄原始风貌”“建设各具特色的美丽乡村”“让城市融入大自然，让居民望得见山、看得见水、记得住乡愁”等新型城镇化战略要求中具有重要的代表性和示范性。但其生存和发展现状不容乐观。据住建部联合文化部、财政部、国家文物局组成的专家委员会 2013 年公布的中国传统村落调查结果显示：“2000 年，我国自然村总数为 363 万个，到 2010 年锐减为 271 万个，每天至少消失 100 个村落；2005 年存量为 5 000 个的古村落，到 2013 年只剩不足 3 000 个。”[②] “中国传统村落现存数量仅占全国行政村总数的 1.9%。”[③]

保护中国传统村落，走出一条既符合我国城镇化进程总体要求，又符合自身可持续发展需要的新路，绝不仅仅是农村工作和农民的事情，而是事关我国新型城镇化的建设质量乃至成败的大问题，必须提到更加重要的工作议程上来。

第一节　江南传统村落文化

江南传统村落地处我国经济最发达的长三角，自明清以来这里一直是我国经济和文化最发达的地区，也是最具有区域文化特色的传统村落密集区。但在长三角快速的城镇化进程中，其传承保护形势十分严峻。

一、江南乡镇与江南城市

由于在物质文明积累、制度文明建设及在文化发展阶段上的差异，尽

① 刘士林.“新农村”与“城市群”的相克与相生 [J]. 中国社会科学内刊，2008 (2).

② 熊筱伟. 一个中国传统村落的保护与挣扎 [N]. 四川日报，2014 - 03 - 21 (05).

③ 中国传统村落现存数量仅占全国行政村总数的 1.9% [EB/OL]. (2013 - 10 - 18) [2017 - 02 - 07]. http://politics.people.com.cn/n/2013/1018/c70731 - 23246040.html.

管都属于诗性文化的大范畴，江南乡镇与江南城市还是有明显的差别。

第一，江南城乡在“生活方式”上有很大不同。自然经济农业模式下的生活自足、悠然自适、知足常乐的满足感，是江南乡镇社会普遍的日常生活和态度。即使在已相当富裕的江南乡镇，人们在生活观念上依然倾向于儒家哲学，如“耕读为本”“勤俭持家”等素朴生活方式。这与中原文化圈那种重勤俭、礼仪、廉耻，耕读为本等社会政治伦理的生活观念高度一致。而与昼夜喧闹、纸迷金醉、“舞低杨柳楼心月，歌尽桃花扇底风”“钿头银篦击节碎，血色罗裙翻酒污”的江南城市生活完全不同。

第二，江南城乡在“文化和人生价值”方面也有很大不同。在江南村镇中，其精神生活的核心是维护社会道德伦理的稳定，而不是个体自我的审美快乐。如江南乡镇对越轨男女的惩罚，其严厉与残酷是世人皆知的，是封建意识形态与伦理规范忠诚的卫道士。在“慈孝天下无双里，锦绣江南第一乡”的徽州棠樾，其驰名于世的牌坊群也是一个很好的证据。这与以“吃喝玩乐”为突出特征，城市空间经济功能不断强化而政治伦理功能急剧衰退的江南城市也是截然不同的。由于这个原因，即使古代艳情小说，也最喜欢以苏州、扬州、杭州为生活场景。①

基于这一前期研究，江南传统村镇文化可以阐释为一种介乎“物质”“精神”及“伦理”“审美”之间，又较好地实现了两方面平衡、互补的生活方式和文化价值体系。在某种意义上，这恰好显示出江南村镇文化在中国文化建设中的重要性，即它可以有效抵制和批判城市文化的非伦理性和过度的欲望狂欢。而这一点，在我们所处的这个消费时代，也是具有重要现实意义和价值的。

二、江南传统村落文化的要素体系

江南传统村落文化主要包括江南传统村落的自然环境条件、“晴耕雨读”的生产生活方式、以吴风越俗为主体的社会文化谱系，分别对应于我

① 刘士林. 江南城市与诗性文化 [J]. 江西社会科学，2007 (10)：185-195.

们在中国传统村落标准中提出的“物质文化”“社会文化”和“人文文化”，是我国重要的物质文化遗产和传统农业文化遗产，并在历史进程中逐渐积淀为完整、系统、内在联系紧密的江南传统村落文化符号体系。

在“新型城镇化”和“建设美丽乡村”的战略框架下，结合吴、越、沪三大子文化区的江南村落的具体情况，以保护江南村落传统物质文化、江南村落传统社会文化、江南村落传统人文文化为中心，形成江南村落文化特征与评价要素体系。

江南传统村落文化的要素体系是中国传统文化要素体系的区域化表现。概括来说，它是以传统村落布局形态和江南风格民居为物质基础，以传统江南村落的生活生产方式和人文风俗、非物质遗产、生活态度、文化心理及审美趣味为表现形式，以传承传统文化、强化文化体验和乡村文化价值重建为发展目标的指导性指标体系。按照“物质”“社会”和“人文”的三分法江南传统村落文化要素可分类如下。

（1）物质文化要素体系：以特色建筑为中心，包括植被、古树、名木、小巷、水巷、青石板、白粉墙、后门河埠头、街楼、庭院、圈门、水阁、河房、舟船、平桥、拱桥、桥廊、桥亭等。

（2）社会文化要素体系：以特色社会要素为中心，包括戏台、庙观、美食、手工艺、祠堂、祖坟、匾额、石刻、茶室、小吃、邻里、社交场所、酒肆茶坊等。

（3）人文文化要素体系：以特色人文要素为中心，包括诗词、绘画、戏曲、民歌、野趣、掌故传说、名人、文化记忆、楹联等。

以上各要素及其构成的要素体系，充分反映了江南传统村落的特色和特质，揭示了江南传统村落保护的重点内容。

第二节　江南传统村落调研情况

一、江南传统村落文化保护的背景与现状

长三角城市群，是中国经济最发达、发展速度最快和城市化水平最高

的地区，也是江南传统村落赖以生存、发展和保护传承的最直接的现实背景。

要把握江南传统村落在长三角的总体情况，首先需要了解其在长三角全部村落中的占比与分布情况。对此需要说明的是，一是由于江南传统村落的申报主体并不一致，有的是行政村，有的是自然村，还有少数仅是城镇中的一个传统街区，在对江南传统村落与江南全部村落做研究时，必然出现了是以“自然村”还是以“行政村”作为总体参照背景的问题。二是在快速城市化和村镇行政建制迅速变化的长三角地区，“自然村”一般消失和变化很快，再加上村镇级的相关统计比较落后，长三角的自然村很难准确统计出来，常常是统计结果还没有出来，一些自然村就已经消失不见了。为了使研究对象具有相对的稳定性，笔者没有采取长三角的“自然村”作为基数，而是以相对稳定和可以准确统计的“行政村”作为对比研究的分母。由此得出苏浙沪行政村与中国传统村落的数量对比，如图 7－1所示：

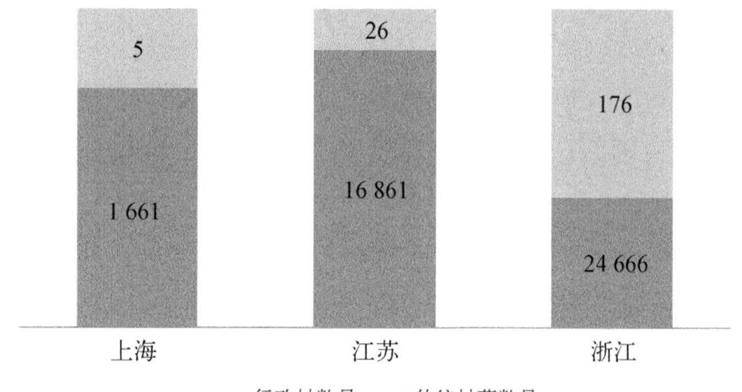

图 7－1 2012 年前后苏、浙、沪行政村与中国传统村落的数量对比①

对此，进行初步的分析，可以得出以下基本认识和评价：

第一，在总体上看，经济越发达，传统村落的传承保护就越困难。自唐代中国经济中心和宋代中国文化中心南迁以来，江南一直是我国经济最富庶和文教最发达的地区，这不仅表现为拥有扬州、苏州、杭州、南京、

---

① 据长三角各省、市网站发布相关数据信息整理得出。

上海等大都市，也表现在星罗棋布、枕水傍山的江南市镇与村落上。但就当下而言，长三角地区的江南传统村落与各自的行政村相比，所占的比例都偏低，其中，上海为 3.01‰，浙江为 7.14‰，而江苏更是低至 1.54‰。由此可知，江南传统村落保护与经济发展、城市化水平并不存在正相关关系；相反，近年来快速发展的城市化，对传统村落主要起到的是一种破坏作用。

第二，在横向比对上，不同省市对传统村落保护的认识和态度至关重要。除了长三角城市化进程过快、乡镇工业化规模较大等普遍因素，还有一个重要的原因是关于如何对待传统村落。以江苏和浙江为例，2012 年两省的城市化率均在 63%上下，在 GDP 增速上，江苏为 10.10%、浙江为 8%，相差也不是很大，但两省的江南传统村落数量却相差 3 倍多。甚至与城市化率偏高、GDP 增速最低的上海相比，江苏在传统村落数量上也有 3 倍以上的差距。在相当接近的经济发展和城市化水平下，长三角二省一市的传统村落分布出现如此严重的不平衡，初步可得出两个判断：一是江苏省对申报工作不够重视；二是在以华西村为代表、以发展乡镇企业为重点战略的“苏南模式”对传统村落破坏较为严重，原本数量众多的江南村落在 20 世纪 80 年代以来迅速消失，所剩无几。这两方面又是相辅相成的，都是由于过于重视经济而忽略文化导致的。由此可知，我国城市群应走“文化型城市群”转型发展道路①，与《国家新型城镇化规划》提出“注重人文城市建设”相一致，传统村落保护与建设开发，也需要探索出一条以非工业化、非城市化为鲜明特征的文化保护新路。

二、调研对象与空间分布

1. 调研对象与范围

笔者对江南传统村落调研，主要包括苏、浙、沪 12 市（区）的 26 个中国传统村落（见表 7-1）。

---

① 刘士林. 走文化型城市群发展道路［N］. 光明日报，2013-11-26（02）.

表 7-1 江南传统村落调研名单

<table>
<tr><th>序号</th><th colspan="2">行 政 区 划</th><th>传 统 村 落</th></tr>
<tr><td>1</td><td rowspan="3">上海市
(3 个)</td><td rowspan="2">闵行区</td><td>马桥镇彭渡村</td></tr>
<tr><td>2</td><td>浦江镇革新村</td></tr>
<tr><td>3</td><td>松江区</td><td>泗泾镇下塘村</td></tr>
<tr><td>4</td><td rowspan="13">江苏省
(13 个)</td><td rowspan="2">南京市</td><td>江宁区湖熟街道前杨柳村</td></tr>
<tr><td>5</td><td>高淳区漆桥镇漆桥村</td></tr>
<tr><td>6</td><td rowspan="2">镇江市</td><td>京口区姚桥镇儒里村</td></tr>
<tr><td>7</td><td>丹阳市延陵镇九里村</td></tr>
<tr><td>8</td><td rowspan="2">无锡市</td><td>惠山区玉祁镇礼社村</td></tr>
<tr><td>9</td><td>锡山区羊尖镇严家桥村</td></tr>
<tr><td>10</td><td>常州市</td><td>武进区前黄镇南杨桥古街村</td></tr>
<tr><td>11</td><td rowspan="6">苏州市</td><td>吴中区东山镇陆巷古村</td></tr>
<tr><td>12</td><td>吴中区金庭镇明月湾村</td></tr>
<tr><td>13</td><td>吴中区东山镇三山岛</td></tr>
<tr><td>14</td><td>吴中区东山镇杨湾村</td></tr>
<tr><td>15</td><td>吴中区东山镇翁巷村</td></tr>
<tr><td>16</td><td>常熟市古里镇李市村</td></tr>
<tr><td>17</td><td rowspan="10">浙江省
(10 个)</td><td rowspan="2">杭州市</td><td>建德市大慈岩镇新叶村</td></tr>
<tr><td>18</td><td>桐庐县富春江镇石舍村</td></tr>
<tr><td>19</td><td rowspan="2">绍兴市</td><td>诸暨市东白湖镇斯宅村</td></tr>
<tr><td>20</td><td>柯桥区稽东镇冢斜村</td></tr>
<tr><td>21</td><td rowspan="2">宁波市</td><td>奉化市溪口镇岩头村</td></tr>
<tr><td>22</td><td>宁海县茶院乡许民村</td></tr>
<tr><td>23</td><td rowspan="2">金华市</td><td>永康市前仓镇后吴村</td></tr>
<tr><td>24</td><td>兰溪市诸葛镇长乐村</td></tr>
<tr><td>25</td><td rowspan="2">丽水市</td><td>缙云县新建镇河阳村</td></tr>
<tr><td>26</td><td>龙泉市西街街道宫头村</td></tr>
</table>

2. 选择标准说明

笔者选择的调研村落，在整体上注重三个最能体现江南传统村落的基本条件：一是在物质文化资源上，符合江南传统村落的自然与环境条件；二是在社会文化资源上，延续着“晴耕雨读”的江南生产生活方式；三是在人文文化资源上，传承着以吴风越俗为主体的人文文化谱系。

在类型特征上，主要包括以下几种类型，基本上能够代表江南传统村落的各种主要形态：

从空间特征上看，主要有都市城市型（与城市连成一片，如下塘村、宫头村）、山区丘陵型（如许民村）、平原型（如李市村）等；

从社会特征上看，主要有政治军事型（如冢斜村）、人口人物型（如人口迁徙的新叶村，如蒋介石的岳母家岩头村）、文化遗产型（很多因商而兴的村镇，最后都是文保单位，如河阳村）等；

从保护方式上看，主要有整体保护型（很完整，如新叶村）、重点区划型（部分完整）、新旧并存型（新旧界限明显，如冢斜村的老村与新村界限明显）、重建型（完全是推倒重来的，包括修旧如旧，如革新村）等；

从开发方式看，主要有旅游观光型（如漆桥村）、文化产业型（如前杨柳村）、文艺创作型等；

从有无传统村落保护政策文件看，主要分有已获批准的保护规划（如儒里村等）、有正在编制或待审批的保护规划（如三山岛等）、无保护规划等（如九里村等）；

从村落古建的产权角度分，主要有国家所有（如九里村的季子庙等）、集体所有（如后吴村的所有文保单位等）和个人所有（如明月湾村等）三种。

3. 空间分布情况

在空间分布上，26 个传统村落均处于古代江南地区的核心区，同时也参照了长三角城市群的最新框架范围。

这条横贯上海、浙江和江苏二省一市的调查研究线路，比较全面地覆盖了江南地区入选中国传统村落目录的类型，同时兼顾了二省一市的不同情况，具有良好的代表性和示范性，可以成为了解长三角江南传统村落保护的一个重要标本体系，同时，其本身在调研线路、时间、车程等方面也有细致考虑，构成了一幅关于江南传统村落的景观细致生动和文化底蕴丰富的人文观光地图。

三、调研结果的基本判断

根据 26 个江南传统村落调研数据表，结合在长三角的实地调研情况，对长三角二省一市的江南传统村落保护可得出以下基本判断。

(1) 经济发展领先的江苏省，在江南传统村落保护工作上最落后。这首先表现在申报数量少，与浙江省的 24 666 个行政村中传统村落为 90 个、上海市的 1 661 个行政村中传统村落为 5 个相比，拥有 16 861 个行政村的江苏省，入选的仅为 16 个。同时，在调研中还发现，相对于浙江与上海，历史上江苏的传统村落无论在数量还是质量上都多出很多，但占据得天独厚优势的江苏传统村落并没有在整体上表现出很高的水平。除了苏州之外，其他入选村落在保护方面的情况都比较差，如常熟市古里镇李市村几乎没有什么保护，而南京一带传统村落的商业化问题也比较突出。

(2) 城市化水平最高的上海，尽管在传统村落数量占比上远高于江苏省，与浙江省接近，但也存在着资金短缺、政策不到位等问题，使上海的江南传统村落保护工作力不从心。而本次调研选择的 3 个村落，可以说各有各的问题，其中：泗泾镇下塘村已完全被城市包围，只是因为申报中国传统村落的需要，才临时起了村名，同时也因为面临城市化的压力而岌岌可危；浦江镇革新村属于“新建型”，基本上是以“召稼楼”为主体的旅游景点，传统村落的生活方式和文化已经消失；而马桥镇的彭渡村尽管传统民居保留很多，但由于缺乏维修和保护资金，严重破败并处在自生自灭状态中。由此可见，拥有雄厚经济实力和文化人才的大都市上海，在江南传统村落保护方面并没有尽到应尽的责任。

(3) 在江南传统村落保护中，浙江省在长三角地区表现最好。浙江传统村落的基础条件并不是最好，就江南传统文化资源而言，其园林比不过江苏、古村落比不过安徽，在文化积累上也未见有大的优势，但浙江赢就赢在传统村落保护开发的观念和意识上，他们肯动脑筋、花本钱，还有村干部和村民对保护传统村落的热情和努力，这是江苏和上海不能相比的。同时，浙江是旅游大省，在旅游开发方面积累的丰富经验，也为其传统村落保护提供了重要的参照和支持。但如果从全国一盘棋的角度来看，浙江省与我国西南地区相比，在传统村落保护上还是有较大的差距。这主要是因为整个长三角地区经济十分发达，对江南传统村落的直接冲击和间接影响都比较大。

四、江南传统村落保护存在的主要问题

通过对长三角26个传统村落的实地调查和多次座谈交流，在江南传统村落保护中，反映比较普遍和比较突出的问题主要包括以下几个。

（1）资金问题。这是普遍存在的问题，如上海泗泾的下塘村、马桥的彭渡村都强烈要求财政拨款。浙江的许民、长乐、河阳等村由于古建多、体量大，需要投入的资金也很大，仅靠乡级、村级的财政支持往往难以支撑，而文保部门、林业局、农委等部门的拨款，则要靠村干部各显神通去奔走呼号，加上省级拨款在经费使用过程中往往有诸多限制，不便操作，缺乏专项拨款，使保护工作十分艰难。但也有个别村落表示并不缺少保护资金，如常熟古里的李市村，主要是村干部基本上没有什么保护设想，也未开展保护工作。

（2）土地问题。因保护古建原有风貌而产生的安置原住民外迁之土地置换需求普遍存在。如上海浦江的革新村，一方面由于“大居”市政配套建设占用了浦江镇12平方千米的建设用地指标，另一方面古村落内占地面积大的文保单位又不允许异地保护，导致该村对置换用地的需求格外突出。浙江的情况也类似，但个别村落用林地置换建设用地的方式部分地解决了这一问题，如杭州的石舍村等。江苏的情况似乎不太严重，大部分村落有配套用地指标。

（3）产权问题。大部分传统村落古建筑的产权分属国有、集体及私人所有的复杂状况，维修与保护时很容易出现纠纷和冲突。上海的三座古村落都存在着这个问题，因产权属于私人，政府连主动出资修缮的权力都没有；浙江的后吴村将村内文保单位都置换为集体所有，但还有许多私人老

宅面临着倒塌的危险；绍兴市稽东镇冢斜村的主要手段是“集体和住户按比例出资修缮”，但这并不容易做到。对于家庭特别困难的，只能靠集体全部出资，而这又会影响到原本已答应出一部分维修款的农户。江苏的明月湾村是又一个特例，该村古建筑的产权全部属于私人，但是政府租用并负责修缮、管理、经营等，因此整村的风貌较完整。

(4) 政策与机制问题。在此次调研的26个村落中，近一半的村落负责人表示，没有好的、有效的土地置换政策、文物保护政策及保护资金使用规则等，严重影响了村落保护工作的进行。例如，江苏的李市村，由于村内某些区划内的老宅产权属于私人，文保级别不高，无法得到有效的维修资金，政策上又不允许居民置换，恶劣的生活环境让村干部产生了后悔申报传统村落的情绪；江苏的九里村由于缺乏后期监管及上级支持，在评上了传统村落之后又拆除了部分老宅。

(5) 观念与态度问题。由于村民缺少主动保护的意愿以及村干部受经济驱动导致传统村落物质文化遗产大量损坏，非物质文化遗产加速消失。例如，浙江的石舍村、岩头村出现了村民为了置换房屋而故意损坏老宅的行为，这种情况多出现在干群关系不和谐的地方。许多村落最初以血亲与族亲关系自发筹集保护资金，但随着外来临住人口增多，村民主人意识缺失，参与度与道德感同步下降。基层干部对于村落保护的职责认识不够，非遗类文化经济效益影响不明显，村干部的保护积极性普遍不高。

(6) 人才与管理问题。上海的革新村有着丰富的非物质文化遗产，但却面临“政府贴钱办书场，也无市场”的尴尬。浙江冢斜村负责人指出，目前古村保护急缺懂古建修缮的老匠人。由于此前的开发权限由开发商向村民租赁获得，江苏南杨桥村村委会既得不到村落保护的财政拨款，也无法监管开发进程，而开发商的承包合同久不到期，古村只能任其自生自灭。还存在村委、区/县建管所、城规处、市政科、房管处、旅游开发公司等多个部门的“多头管理”问题，没有一个明确的、统一的部门全权负责，致使传统村落保护容易互相扯皮推诿，不利于传统村落的总体保护发展。

(7) 可持续发展模式问题。推动江南传统村落保护健康发展，在根本上涉及的是新农村建设走什么道路。目前主要是两条：一是与现代城市一样，走工业化、发展乡镇企业的华西村模式，村镇最后都变成了城市。目前受破坏比较严重的都是这种只顾经济指标而不计环境与资源成本的发展模式，不仅破坏了千百年来美丽的山峦、河流、青纱帐等乡村资源和景观，也导致了对西方城市文化与大都市生活方式的顶礼膜拜，牺牲或遗弃了自身独特的文化传统与风俗习惯。二是上海嘉定区的“毛桥模式”，是以政府较少的投入、通过改善农民的居住和卫生条件、农业文化保护及推进农村环境的景观化，走出一条经济增长比较平缓、人与环境相对友好、社会进步与文化传统较为和谐的新型发展道路。没有走工业化的老路子，但在经济方面仍获得了一定的发展；没有对农村住宅的大拆大建，却较好地实现了农村生活环境的改善；在保留农村固有空间格局的同时，也使传统的农业生活方式与价值观念得到保护和传承①。毛桥村应该引起重视和关注。

第三节 关于开展传统村落保护的对策与建议

以“中国传统村落保护和可持续”为中心，紧密结合我国建设“美丽乡村”的总体要求和传统村落资源丰富、类型复杂、分布广泛的特点，为有效管理和规范我国传统村落的保护与开发建设，避免出现大面积的“千村一面”及区域性的“农村异化为城市”等问题，笔者提出以下对策与建议：

一、制定目标合理、务实可行的总体战略规划，使目前比较混乱分散的保护工作系统化和规范化

（1）参照西方城市规划的理念、原则、技术标准制定传统村落保护规划。长期以来，我国乡村规划主要存在两个问题：一是规划编制比较随意，

① 刘士林.“新农村”与“城市群”的相克与相生［J］. 中国社会科学内刊，2008（2）.

评审和把关不严，这是传统村落被“开发性破坏”的主要原因；二是在《城市规划法》变为《城乡规划法》之后，我国城市规划中的“重经济轻文化”“因袭、雷同”“随意变更”等问题也被带进乡村。借鉴西方城市规划的规范化和严肃性，对前者应将传统村落规划纳入《国家新型城镇化规划》的总体框架并给予同等的重视，对后者应直接参照西方城市规划的理论、方法和技术标准，使传统村落规划从一开始就体现出较高水平，同时在整体上和我国实现现代化的总体目标相配合，在 2050 年力争使现存 90%的传统村落得到有效保护。

(2) 紧密结合区域文化传承编制“片区性”传统村落保护规划。针对目前旅游发展先行，传统村落分散开发的现状，依据《关于切实加强中国传统村落保护的指导意见》，“坚持保护优先，禁止过度开发”的要求，结合传统村落与区域文化联系密切的现实，在跟踪第一、第二、第三批保护工作进程，总结经验及推进试点工作的基础上，建议重点编制“片区性”传统村落保护规划，并侧重对区域文化特色及不同村落文化个性内涵的保护，实现区域内传统村落的系统性和完整性保护。

(3) 重组传统村落规划专家评审委员会并开展示范性工作。针对传统村落资源条件各异、发展目标及规划编制水平参差不齐、指导思想混乱的现状，同时考虑到在三批传统村落发布后，规划编制需求会大增，建议住建部结合我国传统村落保护的总体要求，对已有的传统村落规划专家评审委员会进行重组。鉴于目前规划、建筑、旅游开发等方面专家多侧重硬件和经济效益，不利于文化保护和传承的教训，建议该委员会应采取多元化、多学科的遴选方式，并对社会学、人文学的专家有所侧重；同时，建议以江南传统村落为对象，尽快开展示范村规划编制及评审工作，以获取相关经验，便于推广。

二、针对中国传统村落保护中的“资金与土地”两大重点问题，及时出台新的政策并不断完善已有的配套政策措施

在江南传统村落调研中发现的最突出的“资金”与“土地”问题，在我国其他地区具有极大的普遍性，是开展传统村落保护必须面对和解决的

重点和难点问题。同时，尽管住建部已确定给予每个传统村落 300 万元的资金支持，但这种“阳光普照”远不能满足传统村落特别是中西部和欠发达地区的传统村落保护的资金需求。笔者建议：

一是结束我国传统村落保护基金混乱、多头投入、分散使用等现状，落实《关于切实加强中国传统村落保护的指导意见》提出的中央财政统筹农村环境保护、“一事一议”财政奖补及“美丽乡村”建设、国家重点文物保护、中央补助地方文化体育与传媒事业发展、非物质文化遗产保护等专项资金纳入，分年度支持中国传统村落保护发展。

二是由于我国乡村基层情况十分复杂，参照笔者在江南传统村落的调研情况，对配套政策还可进行以下几方面的改进和完善。

(1) 建立健全相关的专项经费。针对传统村落规划编制资金、建筑维修基金、环境整治资金缺乏的现状，建议由国家和地方政府联合建立专项经费，同时出台资金支持细则，解决上述资金的缺口问题。不建议由社会资金或商业机构主导。

(2) 加大县级财政对传统村落保护资金的管理权。县级政府对传统村落的情况比上级部门更清楚，对该投入的比例把握也更加准确，建议将相关经费的审批和使用权下放，上级部门只起指导和监督作用。

(3) 尽快出台传统村落保护用地置换政策。在有效保护农村耕地面积的同时，将传统村落居民生活条件的改善作为首要任务，对入选的中国传统村落在旧宅基地置换或新宅基地批准方面给予专项政策，参照城市改造中“新城”“老城”分别建设的模式，集中规划新村建设，高效利用置换出来的土地，切实解决传统村落居民的生产生活困难。

三、在物质文化保护层面，重点使用当代高新技术与材料，以切实降低保护成本、提高保护质量

(1) 针对大部分传统村落保护观念落后的现状，植入智慧城市的新理念，以智慧村落建设为中心，运用信息化手段跟踪和即时检测传统建筑和文物的损毁或老化情况，提高传统村落保护的信息化水平，节省人力和物力成本。

（2）针对大部分传统村落保护材料原始的现状，结合近年来国内外先进材料科技的发展，在尽可能保护传统村落空间格局、老建筑、文物的物质形态的前提下，研究适合不同地区传统村落的新材料目录，通过运用新材料最大限度地实现“修旧如旧”，并尽可能延长老建筑和文物的自然损毁进程。

（3）针对大部分传统村落维修技术低端的现状，结合近年来国内外先进建筑技术、工具和方法的发展，在传统村落的空间格局调整、老建筑与文物维修等方面，尽可能运用当代的新技术和新工具，以最小的代价实现传统村落服务功能的现代化，为居民能够安居其中并提高生活质量提供必要的条件和服务。

四、在社会文化与人文文化保护层面，通过重建美丽乡村的生活方式和开展文化乡村建设，提升凝聚力、文化魅力和内生活力

（1）针对传统村落的空心化、商业化和虚假化等突出问题，进一步突出传统村落保护中的生活方式和文化主题建设。乡村文化的主要特色是“土”，不同于现代城市的“洋”，但一个完整的新型城镇化并不与农村相对立。乡村生活方式和乡村文化，既是我国文化建设中最重要的核心资源，也是我国近年来迅速壮大的各级城市的永恒母体，只有切实保护好这个“根”和“源”，才会有真正丰富和繁荣的城市生活方式和文化。

（2）针对传统村落保护中“硬件”与“软件”的严重不平衡，大力开展“文化乡村”的理论研究和示范区建设。其中，以传统儒家文化为基础重建“尊师重教”“敬贤尊老”“勤劳朴素”的乡村文化价值观和人生观，对于克服现代城市文化中极端的个人主义、利己主义、“社会解体”等“城市文化病”，具有重要的现实意义和深远的文化价值。

（3）针对传统村落人文文化保护资金匮乏、后继无人的尴尬情况，建议尽快完善与城市文化政策相平行的农村文化政策和公共文化服务体系，实现从“送文化下乡”的被动服务到“文化扎根”的自主发展，并在资金、项目等方面给予和城市同等甚至更重要的支持。特别是对于扎根农村的广大民间文艺爱好者或者民间学者，建议从制度设计上提供一些科研机

会，为其设立专门的科研项目申报通道，对其研究成果或科研贡献给予资金支持。

五、从提升传统村落保护质量和加强管理的层面，建议研究和建立有进有出的动态管理机制，同时针对传统村落保护现状迅速出台相关“抢救性”措施

总体上要研究建立考核机制，明确监督条例。重点是对已入选的中国传统村落进行重新审查，建立并启动退出机制。同时，鉴于大多数传统村落的保护现状不容乐观，建议在“十三五”期间，重点开展以下三方面的工作：

(1) 对物质文化要素丰富，历史性、延续性、典型性都较突出的传统村落给予重点支持，以尽可能挽救大量濒于消失的传统村落。物质文化要素是传统村落最重要的基础和标志，一旦被破坏或自然损毁就不可能再有。

(2) 对社会文化资源丰富、人文文化要素独特的传统村落，要重点给予保护规划编制、非物质文化认定等方面的支持，使这些依旧活态的传统村落生活方式和文化，迅速与国家已出台的相关政策接轨，并从中获得相关的资金支持。

(3) 对既无成片有价值古建筑，又无典型地方文化色彩，而仅以文物保护单位为主体申报的中国传统村落，且其作为文物与当地民生、民风并无密切联系的传统村落，建议撤销其传统村落的称号，提高其文保单位级别并统一纳入文保系统加以保护。

下　篇

江南村镇的今生与来世

第八章

当代大都市传统村落的现状与保护模式选择——以上海为例

上海传统村落是重要的物质文化遗产和农业文化遗产。在快速的城市化进程中，其所面临的传承保护形势十分严峻。以2013年习近平总书记在中央城镇化工作会议中提出的“在促进城乡一体化发展中，要注意保留村庄原始风貌，慎砍树、不填湖、少拆房，尽可能在原有村庄形态上改善居民生活条件”；2014年《国家新型城镇化规划》提出的“建设各具特色的美丽乡村，保护有历史、艺术、科学价值的传统村落、少数民族特色村寨和民居”；2015年党的十八届五中全会提出的“推动城乡协调发展，健全城乡发展一体化体制机制，健全农村基础设施投资长效机制，推动城镇公共服务向农村延伸，提高社会主义新农村建设水平”为指导思想，以住建部关于加强中国传统村落保护的“两个指导意见”特别是上海市《关于本市推进美丽乡村建设工作的意见》提出的“深入挖掘、修复，传承和弘扬优秀的本土非物质文化遗产，展示浓郁乡土风情，体现上海江南水乡特色”等具体要求为基本原则，本章的主要内容包括：开展上海市中国传统村落资源现状调查，在摸清传统村落资源现状的基础上分析主要问题；梳理国家、住建部及上海市相关保护政策重点要点，进一步明确传统村落保护的内涵和要求；分类研究国外、国内的保护模式情况，确定上海市传统村落保护模式及各村落的特色和定位；在以上研究的基础上，提出上海市关于传统村落保护的总体思路及近远期工作目标，为上海市出台相关政策文件，切实加强上海传统村落保护工作提供依据和参考。

第一节 政策环境与国际背景

一、国际、国家及上海市的主要政策文件情况

我国传统村落保护工作还处在起步和探索阶段，同时也是一个涉及多部门、多领域的系统工程。在国际层面上，目前还没有专项政策和专门机构，在国家层面上，比较对口的政策文件是2012年由住建部发布的《传统村落评价认定指标体系（试行）》，在上海市，目前还没有专门的传统村落保护文件。就此而言，无论是梳理国家和上海市传统村落保护政策文件的核心内容，分析其主要聚焦点及有待完善之处，还是在此基础上提出和设计上海传统村落保护模式，都必须紧紧围绕《传统村落评价认定指标体系（试行）》，同时密切结合上海市城市发展和传统村落保护的具体情况，才能制订出一个代表先进发展方向、领先国际国内传统村落保护的工作方案。

二、文化转型成为国际和国家传统村落保护的主流趋势

对国际、国家等传统村落保护的政策进行综合分析，可以发现，从过去的着重物质形态和硬件保护向保护村落生活方式、村落传统文化转变。

1. 国际传统村落保护的“文化转型”及其主要特点

从国际上看，村落保护本身就是在文化遗产保护实践过程中逐渐被纳入保护范畴之内的。目前在保护内容上出现了三个变化：

一是“单体”向“整体”的演变，即从保护单体的文物建筑发展到保护建筑物周围的历史环境，再到成片的历史街区，再到整体的古城、古镇、古村。

二是“强调艺术性、纪念性”向“强调历史信息、集体记忆”的演变，即从保护某一时期建筑艺术较高水平的宫殿、教堂、寺庙等建筑珍品，发展为反映普通人生活的住宅、作坊等一般建筑。

三是“物质”向“非物质＋物质”的演变，从侧重保护建筑、文物、自然景观等“有形遗产”发展到强调民俗等非物质文化遗产同物质性文化遗产有机联系。联合国教科文组织（UNESCO）与国际古迹遗址理事会（ICOMOS）在这方面均发布了重要的政策文件。

2. 国内传统村落：从“文物保护”向“文化遗产保护”的转型

从国内来看，村落保护是中国文化遗产保护体系中的重要组成部分。我国文化遗产保护体系脱胎于文物保护体系。2005 年 12 月，《国务院关于加强文化遗产保护的通知》加快了“文物保护”向“文化遗产保护”的发展进程。《国务院办公厅关于加强我国非物质文化遗产保护工作的意见》将工作目标确定为：“通过全社会的努力，逐步建立起比较完备的、有中国特色的非物质文化遗产保护制度，使我国珍贵、濒危并具有历史、文化和科学价值的非物质文化遗产得到有效保护，并得以传承和发扬。”这对拥有丰富文化资源的传统村落具有指导作用。具体到村落文化保护，主要由住建部、文化部和国家文物局管理、支持、监督，其中，住建部城乡规划司设有历史文化名村名录、村镇建设司设有传统村落名录；文化部则设有非物质文化遗产名录。除了这三个官方名录，中国国土经济学会中国古村落保护与发展专业委员会建有中国景观村落名录，可视为对前三个目录的补充。

为保护在城市化进程中遭到冲击和迅速消亡的传统村落，近年来国家出台了系列相关文件，其中一个最突出的转变是村落生活方式和文化传承的重要性与日俱增。如 2012 年 12 月 17 日《关于公布第一批列入中国传统村落名录的村落名单的通知》提出：“各地要继续做好传统村落调查申报，对经评审认定具有重要保护价值的村落，三部门将分批列入中国传统村落名录。”2013 年 8 月 26 日《关于公布第二批列入中国传统村落名录的村落名单的通知》提出：“要求抓紧建立中国传统村落档案，编制中国传统村落保护发展规划，探索开展保护性修复试点。”在这些政策与工作部署中，村落生活方式和文化传统还没有出现。2014 年 11 月 17 日《关于公布第三批列入中国传统村落名录的村落名单的通知》指出："抓紧建立村落档案，编制保护发展规划，保护文化遗产，探索开展保护性修复试点，做好保护项目实施管理。"其中，首次提到"保护文化遗产"。特别是 2015 年 11 月住建部等联合下发《关于坚决制止异地迁建传统建筑和依法打击盗卖构件行为的紧急通知》，首次向异地迁建和盗卖传统建筑行为"亮剑"，有效遏制了"乡村文物文化"的"商品化"和"进城"，为保护农村文物文脉及依附其上的传统生活方式和文化提供了政策保障。

3. 上海传统村落保护工作的战略地位

上海是我国国际化水平、现代化水平最高的大都市。上海在传统村落保护上具有较大优势，高于全国总体水平。但在"四个中心""国际化大都市""全球城市"等以城市为中心的发展战略主导下，农村建设和传统村落特别是传统村落保护也不同程度地被边缘化。这是开展上海传统村落保护工作的总体背景和主要困境。

具体言之，上海传统村落保护在理念上可以做到与国际接轨，在工作中也保持了与国家相关理念和政策一致。如从早期的单纯从文物保护的角度开展古树名木保护，到 2014 年《关于本市推进美丽乡村建设工作的意见》提出"挖掘乡村文化内涵。深入挖掘、修复，传承和弘扬优秀的本土非物质文化遗产，展示浓郁乡土风情，体现上海江南水乡特色"的发展目标。同时，针对新型城镇化建设的指导意见也有一些亮点，如相关文件对农村基础建设中的污水治理、公路建设、河道水系建设及普通民居建设都有指导文件及相关的资金支持等。

但在传统村落保护上，目前上海还没有一个专门性政策文件，这一点甚至落后于中西部一些省区市。由于缺乏一个专门性政策文件，上海的传统村落保护一直显得比较零散，缺乏系统性和延续性。如有关农村文物及农业非物质文化遗产保护，在 2001 年首次进入政府工作报告后，每年都会提及，但每年都没有什么突破，其他相关的政策精神则零散地分布在城市总体规划或农村改革等文件中。这不利于科学、协调、系统、创新性地开展上海市传统村落的保护工作。

基于以上分析，上海传统村落保护应确立的战略思路是，以研究制定专门性的传统村落保护政策文件为突破口，积极响应国际传统村落保护的“文化转型”并有效规避2012年住建部《传统村落评价认定指标体系（试行）》“重硬件轻软件”的缺点，率先开展“文化型中国传统村落保护”的试点和示范建设，总结和摸索出一套“文化型传统村落保护”的标准和建设案例，走跨越式发展道路，积极引领中国传统村落保护工作新常态。

第二节　上海传统村落保护的现状与问题

2012年12月，上海市共有5个行政村入选第一批中国传统村落名录，分别是闵行区马桥镇彭渡村、浦江镇革新村、松江区泗泾镇下塘村、宝山区罗店镇东南弄村和浦东新区康桥镇沔青村。根据住建部等七部门《关于做好2015年中国传统村落保护工作的通知》的具体要求及上海市开展传统村落保护的需要，笔者按照住建部《传统村落评价认定指标体系（试行）》，参照自主研发的以“物质、社会、人文”三要素为主体的新评估体系，对上海5个传统村落的保护现状开展全面调研，初步摸清了现状和存在问题，为研究制定上海市传统村落保护提供参考、借鉴。

一、上海传统村落保护的背景

根据住建部等发布的三批中国传统村落名录，目前我国传统村落共计为2 555个。从全国总体分布看，以省、自治区、直辖市（简称省份）为单位，已入选的传统村落基本上涵盖了除台湾、香港、澳门地区以外的全国各省份，主要集中在云南、贵州、广东、浙江、江西、福建、安徽、山西，仅这8个省份的中国传统村落就多达1 720个，约占我国传统村落总数的67.3%。其中，数量最多的是云南，其次为贵州，共计928个，占我国传统村落的36.3%；江苏、北京、新疆、宁夏、上海、天津、西藏、内蒙古、辽宁、吉林、黑龙江、海南、甘肃13个省份的中国传统村落仅为155个，占比不足6.1%（见图8-1）。

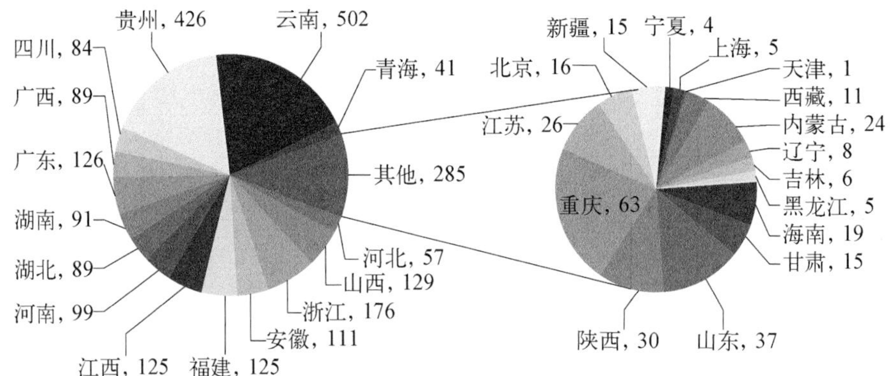

图8-1 中国传统村落空间分布情况

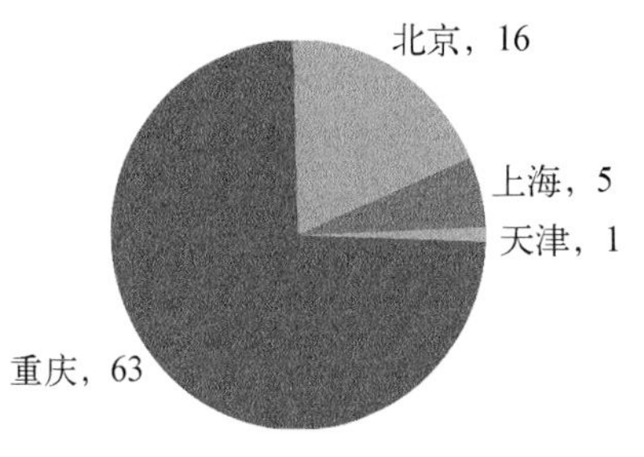

图8-2 我国4个直辖市入选传统村落名录的数量

就4个直辖市而言，上海的中国传统村落在数量上位居第三，远低于排名第一的重庆，与排名第二的北京也有较大差距（见图8-2）。

总体而言，上海有5个传统村落，在全国现有2 555个中国传统村落中的占比不足2‰，在4个直辖市现有85个中国传统村落中的占比不到6%，保护任务不是很大，不仅有条件也理应开展更好地保护传统村落保护工作，为这座现代化大都市留住一份乡愁。

二、上海市5个中国传统村落的基本情况

目前，上海市共有中国传统村落5个，分别是彭渡村、革新村、下塘村、东南弄村和泖青村（至于其他尚在申报过程中，包括尽管自身条件良好但未申报或未列入中国传统村落保护名录的，则不在本章的研究范围内）。

1. 彭渡村

村落格局：彭渡村地处闵行区西南角，黄浦江与女儿泾的交汇处，西与松江区接壤，原属马桥乡集镇荷巷桥所辖区域，村域面积3.5平方千米，入选中国传统村落名录的村落核心区域为邻松老街，位于彭渡村和同心村交界处。

人口与经济：目前常住人口约479户，本地人口与外来人口比为1∶1。村集体年收入880万元，村民人均年收入9 600元。彭渡村原址曾是上海自来水取水口所在地，从2002年开始，为保护黄浦江母亲河水质，彭渡村利用公社化时留下的马桥水产队养鱼场和部分农田建设了一座生态园林，因传八仙之一的韩湘子长居于彭渡，故取名为韩湘水博园，而彭渡村3 000名村民则搬迁至现今的新址。

基础设施：邻松老街上污水没有纳管排放，村内仍使用化粪池，三线架空设置，没有入地，消防设施基本没有，也没有安全监控设备，老街上的居民生活条件比较艰苦。

历史沿革：荷巷桥兴起于清嘉庆年间，至今已有300余年历史。因其周围有5条河流，形成荷花状，故名荷溪镇。又因小镇小如巷，进镇中央有座石拱桥，后人改称荷巷桥至今。民国时期，此地曾是俞塘民众教育馆荷溪分馆所在地，组织村民学习文化、科学、礼仪知识，开展扫盲活动，举办幼儿亲子比赛等；荷巷桥乡贤顾言、金庆章捐资创办荷溪小学，吸收周边少年儿童读书求学。抗日战争爆发后，小镇逐步萧条。

资源情况：村内主要水系基本完整，有柳条港、黄浦江、女儿泾等。古树名木仅剩三棵，分别为桂花古树、古紫藤树和黄杨树。仍然活跃的非物质文化遗产主要有国家级非物质文化遗产荷巷桥手狮舞，闵行区非物质文化遗产马桥豆腐干、彭渡皮影戏、彭渡民间山歌与荷巷桥滩簧。

保护管理情况：目前基本没有发展旅游业，游客很少，在荷巷桥镇东区有一座关帝庙供奉武圣关公、关平、周仓及赤兔马像。根据历史记载，清代时期此地有一座高阳庙香火鼎盛，镇政府打算依史重建一座，以吸引更多游客。

2. 革新村

村落格局：浦江镇革新村坐落于上海市闵行区浦江镇，距离上海市中心 20 千米。村域面积 2.29 平方千米，有沈庄塘、老姚家浜、姚家浜、谈弄港、刘家河、沙江等流经该村。革新村沿姚家浜两侧呈东西向矩形分布，主街呈丁字形，东西向街长 500 米，为商业闹市，有集市贸易，尤以坐落于村内的召稼楼古镇著名。

人口与经济：共有村民 803 户，户籍人口 2 389 人，常住人口 3 889 人。外来人口约 1 500 人，村集体年收入 329 万元，村民人均年收入 17 370 元。

基础设施：镇域内污水全部纳管，完成三线入地改造，消防设施全部到位，共覆盖有 224 个监控探头，村内河道水质达到国家水质二级标准。

历史沿革：根据史料记载，约元大德年间（公元 1297—1307 年）形成村落，兴起于明嘉靖、万历年间，距今已有 800 多年历史，是古代浦东的垦荒中心。

资源情况：镇上以谈、奚、沈三姓氏为主，至今仍有上海县城隍神秦裕伯等历史名人的故事流传。目前古镇内有不可移动文物 10 处，如梅园、沈家住宅、礼耕堂、奚氏宁俭堂、道南桥等，都属于古建筑或近现代代表性建筑，总建筑面积约 9 000 平方米。

保护管理情况：浦江镇对传统村落的保护工作开展较早，不仅编辑出版了诸如《浦江村宅》《浦东召稼楼》《秦裕伯研究》《浦江土谚》《旅游指南：重光的召稼楼文化》《浦东召稼楼》等文献资料，而且在浦江镇人民政府牵头下，组织浦江镇文体中心、革新村村委会、召稼楼古镇建设管理公司等多个部门成立了革新村文物保护工作小组，自 2010 年起，制定了若干保护规范，在环境卫生、文物保护、历史文化资源及保护规划方面都出台了一系列的制度，对召家楼的发展起到了推动作用。

3. 下塘村

村落格局：下塘村位于上海市松江区泗泾镇，地处上海市西南部、松江区东北部、泗泾镇中部、泗泾塘两侧。现在的下塘已非传统意义上独立的自然村落，而是属于泗泾古镇的一部分，和周边的城镇片区结合在一起。村域面积0.8平方千米，风貌核心保护区64 100平方米，风貌建设控制区69 400平方米。下塘村内部街巷体系保存较为完整，拥有较多街巷空间和景观具有明显特色的传统街巷，元末明初，格局成曲尺形。民居店铺，皆临江枕流。由西向东，沿泗泾塘北岸形成沿河街道；又沿张泾两岸筑居设摊，民居店铺沿张泾聚集，形成两岸南北街道，以傍东田禅院市面尤为繁荣。随着居民商店的延伸发展，形成石驳岸河埠。枕河人家、挨户都筑水桥，自备船只泊驳岸下、水桥边。现今集中在泗泾塘的下塘街及中市桥南岸一带，基本保存了传统水乡市集的河街格局和部分传统建筑。

人口与经济：常住人口20 000人，其中外来人口约16 000人。村集体年收入650万元。户籍人口的人均年收入约3.5万元。主要流经水系有通波塘、外波泾、洞泾、张泾4条河流，现存古银杏2棵。有陶宗仪、马相伯、史量才等历史名人的故居与故事流传。

历史沿革：距今约1 050年的北宋年间，泗泾地区就已形成古村落，名曰“会波村”。元代后期成集，名“泗泾里”；明后期称市；清代成镇，其时“百业辐辏，户口繁盛，街巷纵横，桥梁相望”，以米市著称。此后一直为松江东北部的经济、文化中心。1950年，经政府统一镇区划分，将下塘村并入中西居委会，现统一归中西居委会管辖。

保护管理情况：2008年泗泾镇建立泗泾镇老镇开发管理委员会，委员会下设上海会源置业有限公司，具体负责下塘历史文化区的保护和开发工作。2013年初，经松江区人民政府批准，由松江区城通公司、泗泾镇人民政府、松江区土地储备中心共同出资成立了上海泗泾下塘历史文化风貌建设发展有限公司，具体负责下塘历史文化的保护、传承和发展，形成政府主导、居民参与、社会共建的保护管理机制。据介绍，2015年将在下塘老街的A段（共将老街分为十段）进行试点，开展文物保护、文化发展、商业运作等一系列模式的探索。A段共涉及49户居民，3处不可移动文物，总面积约达2 600平方米。目前设计方案已基本完成，将进入动迁施工阶段。

已有规划与思路：泗泾古以贡米闻名，因此想开发一系列与米有关的衍生品，如米糕、酱油、汤圆、粽子、油墩子、小笼包等。目前已在本镇挖掘了50个相关传统行业，计划找到其传承人或配方后为其注册商标。之后，或由传承人自我经营，或由愿意回老街的动迁居民经营，甚至可以请专业的运营商来开发。为了培植这些品牌，可以不收房屋租金，甚至给予一定补贴，来控制老街的产业业态。除了传统餐饮服务外，还考虑办一些培训班，如酱油作坊、汤圆班、陶艺坊等。但是这一切都要基于合适的文化与商业结合方式，其前提必须是以泗泾独有的传统小吃为基础，由此避免走向千村一面的境地。

泗泾的地理位置非常优越，北临虹桥国际机场，西接佘山国家旅游度假区，南望松江大学城，东连上海市区，是松江新城作为组团新城发展的重要组成部分。贯穿泗泾老街河流泗泾塘是一条可通航河道。相关负责人考虑依靠泗泾的水系将松江区各景点连通起来，将各种资源纳入整体，留住游客。在设想中，下塘村的旅游将以高端品质为卖点，以吸引佘山度假区的高端客户。此外，计划与上海交大古建筑修复专家合作，创建古建筑创业产业园，在未来承担如古建筑论坛、国际交流活动、建筑专业学生的实习基地等功能。

4. 东南弄村

村落格局：东南弄村位于罗店镇南部，街区东南部，东与束里桥村为邻，南以马陆河与繁荣村接壤，西接罗溪村，北邻金星村及古镇、祁南2个居委，实属农居混合区域。整个村落倚水而建，基本维持传统的道路机理，水道蜿蜒处，房屋与水道平行且蜿蜒而立，而后顺势延伸形成与水道垂直的东西走向，主要以发散式格局垂直于河流水系发展，宅前道路直接通向附近水域。村域面积0.96平方千米，历史文化保护区范围主要是东至罗溪路、南至月罗路、西至沪太路、北至祁北路，面积约140公顷。核心风貌区范围包括亭前街、市河街、南弄街、东南弄街、布长街、竹巷街和韩家湾7条历史街巷，分属东南弄村、罗溪村、向阳居委、古镇居委、新桥居委下辖区域。规划面积约14.7公顷（包括水域）。

人口与经济：村域范围内住户为700多户，常住人口5 550人，户籍人口2 050人，外来人口2 500人。村集体年收入200多万元，村民人均年收入16 014元。

历史沿革：东南弄村于1958年、1959年分别属跃进、罗店两人民公社管辖；1984年后属罗店乡；1989年属罗店镇。罗店成陆于唐以前，南宋嘉定年间就有诗文记载。到了元代因“罗氏店堂”而成大集市，罗店因此而闻名。明清时期，罗店的集市不断扩大，拥有“三湾九街十八弄”，形成一个纵长三里、横宽二里的棋盘式镇区。

罗店地处长江口，明清以来战事频频。1937年淞沪抗战，罗店作为主战场，与日军前后激战37天，全镇几乎成为一片焦土，对罗店古镇及东南弄村的风貌破坏极大。现有建筑基本都是抗战后所建。后又经“文化大革命”的破坏，再加上近几年自建房改造，许多古建已看不见当年的风貌，破坏非常严重。保存较好的古建筑有3个，分别为沈氏祠堂、丰德桥（现已变成旱桥）、来龙桥（今已搬迁至罗溪公园），均已不在东南弄村村域内。但从硬件条件看，东南弄村作为传统村落实属尴尬。事实上，其传统村落的名号是以罗店的龙舟文化为名目申报的，因为几位重要传承人都出自东南弄村。

资源情况：拥有古树3棵，分别为银杏1棵、广玉兰1棵、瓜子黄杨1棵。

保护管理情况：2007年成立了古镇改造置业有限公司，专门从事古镇改造工作。该公司多方筹措资金，包括从银行贷款（农村发展银行贷了2亿元），将土地出让的收益用于改造资金等方式，至今已投入约3.5亿元。东南弄村给水统一由上海自来水公司集中供水，村落雨水通过统一建设的雨水管排入河道，污水排入市政管网，统一处理。村内道路都为硬化道路，以水泥路面为主，部分沥青路面和青石板路面，道路在20年前基本建设完毕，近几年村委会陆续对村内破损道路进行修复，道路状况良好。村内统一设置垃圾收集点，居民将生活垃圾投入收集点，由村、镇集中统一收集处理。村庄污水基本已纳入市政管网。另外，村内公共服务设施面积达200平方米，三线入地工作基本完成、消防设施配备到位，设有150个监控探头，村内设置铁门、路口岗亭。

5. 沔青村

村落格局：康桥镇沔青村位于上海浦东新区城市外环线南侧，康桥镇最东部，东与张江镇新丰村、川沙新镇棋杆村为界，南与人南村为邻，西、北与人西村毗连，川周公路、城市外环线康桥东路和秀沿路途径，主要由平原构成。村域面积 1.71 平方千米，耕地面积 117.5 亩。

人口与经济：沔青村现有 7 个村民小组，其中 1、2、3、4、9 村民小组区域为横沔古镇，其余小组为古镇郊区。常住人口约 9 000 人，户籍人口中村民 1 998 人，居民 1 031 人，外来人口约 6 000 人。村集体年收入 182 万元，村民人均年收入 3 万元。

基础设施：公共服务设施面积 20 亩，老街污水尚未纳管，三线架空布设，镇区边上设立了多个消防取水口，无安全监控设施。

历史沿革：横沔镇早在唐代就已逐渐成陆，是沔青村村域的主要组成部分，横沔成集镇在清乾隆元年（公元 1736 年）之前，后形成较大的集镇且比较繁荣。集镇所在地原为煮盐之处，因地形如盘，也称吉氏盘。横沔港在元代名为沔溪，故集镇亦称沔溪，明代始改名为横沔。

资源情况：沔青村曾有 6 座古桥（目前仅存 2 座），古桥与古镇陆地相连，状似乌龟的四肢与头尾，而古镇内的河西街、中大街、庙场街、花园街等组成了龟背上的纹路，由此沔青村形成了独具特色的“龟城”格局。而横沔古镇以中大街为核心，周围水网密布，横沔港、盐船港贯穿整个村域，内有花园港，为横沔古镇内河，有古树名木 11 种，总计 25 棵。民居连片分布，水乡特色浓郁。1938 年，横沔惨遭日军扫荡，烧毁民居店铺多达 100 余间，现存的大多为民国后期所造。而目前保存较完整的清末民初古建筑，只有华氏宅、凤家厅、宁远桥、翊园桥等为数不多的几处。

当地名人林石城是非物质遗产“浦东派琵琶”第六代传承人，也是我国民族音乐教育奠基人。当地的益大中药饮片技艺，已传承五代，迄今有 100 多年的历史。而江南丝竹、江南花鼓戏与沪剧等非物质遗产，目前以退休人员为主组成了多支民乐队，还在民间活动。

保护管理情况：2014 年申迪集团已经拿下沔青村的改造权，将在这里进行城中村改造。具体范围是目前的沔青村村域加上人南村部分，沔青村涉及约 800 亩，人南村 100 亩左右。

三、上海市5个中国传统村落的主要问题

1. 彭渡村

水源保护对村落保护开发的制约。彭渡在管理体制和专项规划上的工作比较落后，不仅没有专项的传统村落规划，甚至连风貌区保护规划也没有。又因为村址紧邻上海市水源保护区，对传统村落的保护开发项目造成诸多限制。

申报材料与实际情况不符。彭渡村申报传统村落材料中的许多古建，包括金家祠堂、商业街等历史风貌区，其所在地并非彭渡村村域内，而是属于同心村的。两村的分界非常复杂，几乎是杂糅的。而核心保护区又主要以邻松老街为中心，传统建筑也基本排布两边。

古建产权交易难度大。村域内共有4处登记的不可移动文物，分别为金氏宗祠、金庆章故居、顾言故居、龚家宅遗存明代龚氏墓地。其中，金氏宗祠体量最大，面积约为526.33平方米，始建于清同治年间，原来的主人已移居国外，现在的所有人不是本地人，对房屋的历史不了解，感情也不深厚，所以之前金氏祠堂内部群租现象非常严重，对建筑造成较大破坏。祠堂内原本有两个对称的戏台，现只剩东部一个，且难以辨认。过道墙壁上雕花的青砖在“文革”时被涂了厚厚的石灰，如今斑驳残破。群租时期搭建的一个个小隔间脏乱不堪，私拉乱接电线现象严重，消防隐患也很大。当地政府原本计划以购买核心区内所有房屋的产权的方式进行整体保护，但如今百姓的产权意识都比较强，由于某些人的坐地起价，谈判往往陷入胶着状态。即使谈妥了交易价格，有时候又会因为政府没有渠道负担交易过程中产生的税费问题而搁置，比如金氏宗祠的产权交易过程中就因涉及谁负责交纳房产税的问题陷入僵局。

群租现象普遍、环境恶劣与人员素质差等。由于邻松老街是村民从村东往村西的必经之路，各类小商贩聚集于此，常常堵塞交通，而两边房屋非常陈旧，屋内潮湿、昏暗，各类管线杂乱横架，消防、卫生等设施都不到位。另外，因租户保护意识差，虽有《上海市古树名木和古树后续资源保护条例》，金庆章故居内的80多年树龄的桂花古树仍濒临枯死。

2. 革新村

产权导致修缮难题。部分私人所有的传统建筑因年久失修等原因，产权人想要改造甚至推倒重建。根据文物保护法的精神，属于国家级文物的由国家出资修缮，属于私人的原则上由私人出资修缮，私人经济能力不够的，当地街镇人民政府出资进行修缮。但在现实情况中，地方政府常常并没有为必须修缮的文物预留专项资金。闵行区区政府、各个镇及村居委都签署过保护地方文物的协议，规定公有文物由政府出资，私有的原则上私人自己出钱，实在没办法的可以适当补助。但偶尔申请到的微薄补助，面对全镇 50 多处保护建筑，简直是杯水车薪。对于这种情况，古镇公司既没有权力管理，也没有资金支持，只能陷入两难的尴尬境地。

文化规划水平不高。近年来，古镇公司尝试过很多方式打造召稼楼的文化品牌，如在硬件上，2011 年成功促成秦怡艺术馆落户召稼楼、利用召稼楼作为城隍老爷秦裕伯故里的历史资源建造一座新庙宇，与市区的城隍庙进行联动，共同打造城隍品牌。软件上，种植 500 亩向日葵举办了“上海市闵行区浦江镇葵花节”、与上海戏剧学院合作“园林情景剧”——《梦回召稼楼》，但仅靠赠票维持人气。各项目间缺乏系统设计，无法形成合力，文化品牌难获普遍认可。

安保问题压力大。自 2014 年上海外滩踩踏事故发生后，安全问题被摆到了首要位置，大型活动由于风险较大，一般不主张举办。原本景区内的“周周演”活动，从原来每周两场改为现在的每周一场。区级端午文化节活动，2010—2014 年的举办地皆在召稼楼，如今也移至他处。因此，工作日期间，游客稀少，景区内许多店面都不营业。面对每年高达 2 000 多万元的运营费，古镇公司虽然一直处于负债状态，却不敢举办大型的活动来吸引游客。但每逢节假日，景区内又人满为患，除了古镇的安保人员，闵行区公安分局还会派 20～60 名警员前来协助安保。2016 年革新村将进行美丽乡村建设，但由景区人气不均造成的服务水平、环境治安、村民收入等一系列问题还不知如何解决。

3. 下塘村

缺少自上而下的保护开发管理体系。由于政策限制、条块分割、管理缺失等问题，给实际管理者造成很大困扰，如不知道项目如何申报，或各个部门说法不一，没有统筹协调的方式，规范文件又多又乱，古建筑消防与文物保护存在冲突等，都不是镇级或村级能够处理的。

产权问题制约开发运营等。老街范围内的房屋产权大多属于房管局，私房较少，还有一部分为系统房。在古建筑修缮申报时，必须提供产权人证明，而那些属于私人性质的古建筑，如政府想要修缮目前只有两种方式：一是完全动迁后进行产权变更；二是保留私人的产权，房屋交由政府托管，政府给予产权人一定的租金。这些都需要强大的资金支持。另外，管委会及公司关于古建修缮申报流程等具体的操作方式一无所知，而区及市相关部门也常常相互推诿，给工作人员造成很大困扰。

资金方面存在较大缺口。2014 年泗泾镇已耗资 10 亿元完成了 1 000 多户的动迁工作，2015 年又将动迁 66 户（包括 A 段 49 户），需要动迁费用 6 000 万～8 000 万元。这笔资金，一是来源于区负责城市轨道开发的城通公司，按照四六开比例进行注入，二是来源于镇方面的集资。以风貌区 200 亩土地、3 000 户人家来测算，动迁加基础设施或需投入 40 亿～50 亿元。仅核心区所需资金也将达数十亿元，缺口较大。

老街内生活条件恶劣，公共环境欠佳。居民还持续着马桶加煤炉的落后的生活方式，日常的生活污水直接排入泗泾塘，泗泾塘水质比较浑浊；而背后的商业街人口密度又很大，土地资源很紧张，造成停车难等一系列问题，会对今后的发展产生阻碍。

4. 东南弄村

产权复杂、建筑分散。在稻香堂、敦裕堂两所宅院中共住了 72 户人家，最小一户面积只有 8 平方米，动迁代价非常大。还有很多无法明确产权的，甚至有一栋楼房，存在“一层公房，一层私房”的情况。村内古建与新房参差比邻，古建大多分散，不成片区，整体改造难度较大。

危旧房改造难题。大部分的古建都濒临坍塌，居民申请改造的审批时间需要一年，但现实情况往往都已等不及，会选择自行改造，对村域整体风貌破坏较大。也有一些人受利益驱使，擅自搭建违章建筑，以期在拆迁中得利。

基层村委会人手不够且工作压力大。近年来，罗店大型居住社区的建造占用了村委会大量的人力资源，无暇再顾及古镇保护开发工作。

社会管理难度增加。村民“过度”的维权意识让村务管理越来越难。如有一古建内部结构已完全坍塌，外墙虽未倒塌，但倾斜度很大，因是过道，人员常常进出，存在很大的安全隐患；但因个人产权又属风貌区建筑，村委没有权利拆除。而对方要价又很高，所以一直无法解决。不得已，村委把墙的上半部分先行拆除，将危险程度降低。结果对方以“私自拆除古建筑”的名义去上访了。诸如此类的事件给东南弄村村委及古镇公司造成很大的工作障碍。

5. 沔青村

开发后周边环境整治问题。沔青村目前还未开发，游客稀少，整体环境宁静和谐，但是随着毗邻的迪士尼乐园的开园，游客量势必极速增加，而村域周边的道路环境复杂，工厂、仓库、大型货车等密布，对于游客的旅游体验而言是极为不利的，如何尽快协调各部门进行周边环境的整治是一大难题。

城中村改造与原生态保护的矛盾。城中村改造一般关注村落的格局调整、建筑修葺或改建，在此过程中，如何既保护村落的原生态又能改善村落的整体面貌与村民的生活环境，是需要考虑的一个重点。

四、上海市5个中国传统村落的总体评价与单项分析

根据2012年8月住建部等印发的《传统村落评价认定指标体系（试行）》，对上海市5个中国传统村落的一级指数及相关重要指标进行对比分析，可得出上海市传统村落保护的真实情况，为制定相关政策提供依据。

1. 上海市5个中国传统村落的总体排名

在总体排名上，如图8-3所示，目前上海市5个中国传统村落的排序依次是沔青村、下塘村、革新村、彭渡村与东南弄村。其中，沔青村在综合三项指标后，得分最高，达到142.5分，被认为是最具有江南水乡特色、

格局最完整、最能代表上海传统村落风貌的一个村落。紧随其后的是下塘村，仅以不到 2 分的差距位居第二。彭渡村与革新村虽然发展进度差别很大，人气与环境也很不相同，但最终得分却很接近，分别是 116.0 分与 117.1 分，只有东南弄村空留丰富的非遗财产，却难寻旧日古村风貌，排在最后一位。

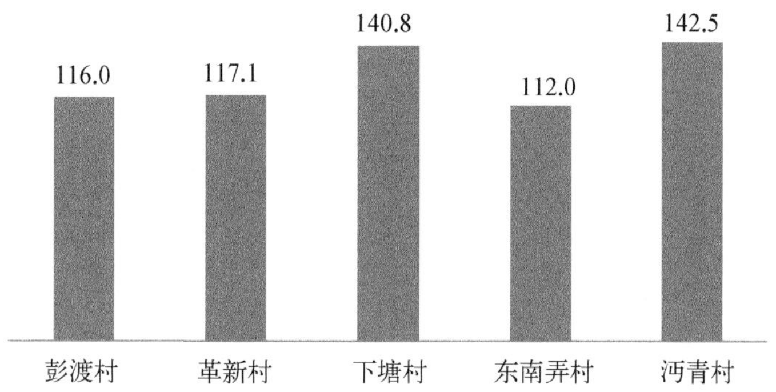

图 8－3　上海市 5 个中国传统村落评价指数综合得分示意图

2. 上海市 5 个中国传统村落的一级指标排名

住建部等印发《传统村落评价认定指标体系（试行）》共设置传统建筑、选址和格局、非物质遗产 3 个一级指标，上海市 5 个中国传统村落的横向比较如图 8－4 所示：

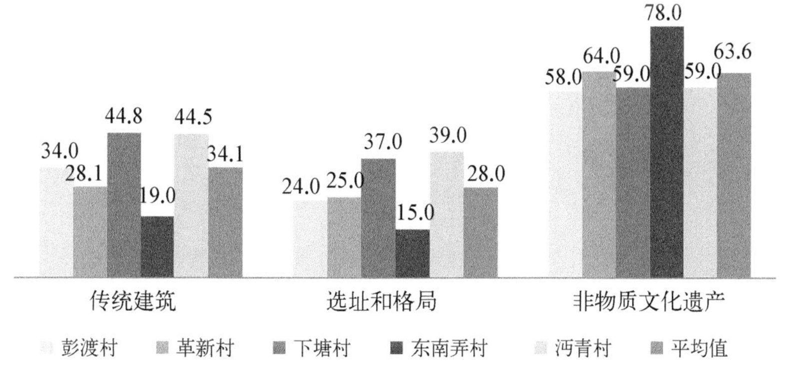

图 8－4　上海市 5 个中国传统村落评价指数一级指标得分示意图

据此分析可知，上海市 5 个中国传统村落在非物质文化方面的资源更有优势，平均达 63.6 分，但在格局与村落的完整度方面较差，平均值仅28.0分。这与上海高速发展的城市化状况是一致的。在都市化进程中，最先遭到破坏的就是传统村落封闭、自成一体的格局；然后是木质结构的传统建筑不敌钢筋水泥的现代建筑而遭到抛弃；最后是随着代际生活方式变化而消亡的非物质文化遗产。因此，图8-4基本符合上海传统村落的总体情况。也可以说，在上海作为国际大都市而表现出高度的商业化、现代化的大环境中，保护、保存完整、原汁原味的传统村落变得越来越难，应该成为开展传统村落保护的重点内容。

3. 基于人口、面积、收入等数据的综合评价

结合笔者在调研中采集的人口、面积、收入等数据（见图8-5、图8-6），对上海市5个中国传统村落可以得出一些具有参考价值的综合判断。

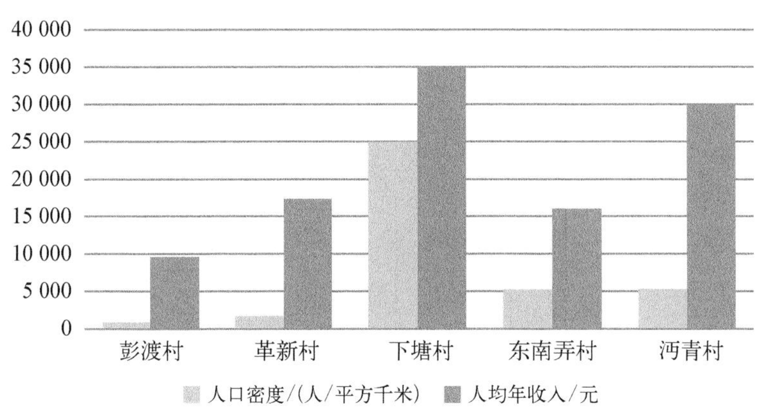

图8-5　5村落人口密度与收入水平

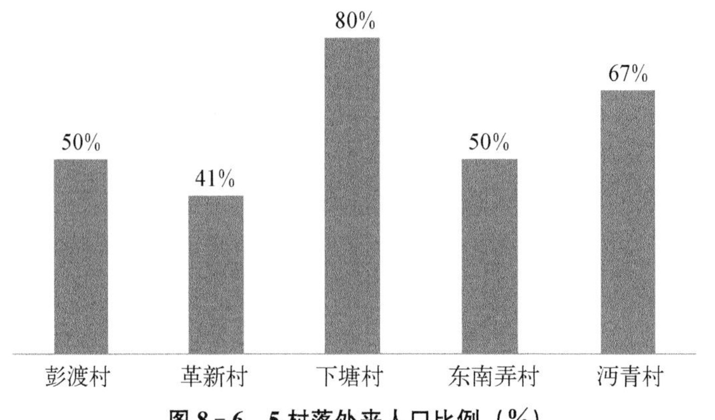

图8-6　5村落外来人口比例（%）

综合人口、面积、收入等数据，下塘村已非传统意义上的村落，更像是“城里的古建群落”，其便利的交通与超高的人气，对于当地的经济有突出意义，人均年收入位居5村落之首，达到35 000元，但同时人口密度也最高，达25 000人/平方千米。因此，古建生存环境恶劣，外来人口比重高达80%，对于当地文化传统的继承而言也非好事；而革新村由于整体规划较早，在各方面都处于中等阶段，但也到了发展的瓶颈阶段；相对而言，彭渡村、沔青村由于没有开发过，在整体上更接近江南农村的风貌，但由于两村在地理位置、外来人口比例、人口密度方面的差异，则显示它们在发展潜力上有较大差别。东南弄村与沔青村的人口密度较接近，均在5 260人/平方千米，但两者的人均年收入分别是16 014元与30 000元，几乎相差一倍，其中的缘故不能仅从地理位置等外在因素去寻找。但总体而言，外来人口占比高、人口密度相对较大是上海传统村落的普遍特点，也是下一步开展保护工作需要关注的。

4. 基于若干二级、三级指标的评价与分析

具体到住建部等印发《传统村落评价认定指标体系（试行）》中若干重要二级、三级指标，对上海传统村落还可做出一些评价与分析。

1）村落现有选址年代、现存建筑最早修建年代、传统建筑群集中修建年代方面

据图8-7、图8-8、图8-9，从历史的久远度看，下塘村的历史最为悠久，始于北宋，其次是建于南宋的沔青村，再次是建于元代的革新村，而彭渡村与东南弄村因历史原因，已搬离了原址，但其古建大部分为清代

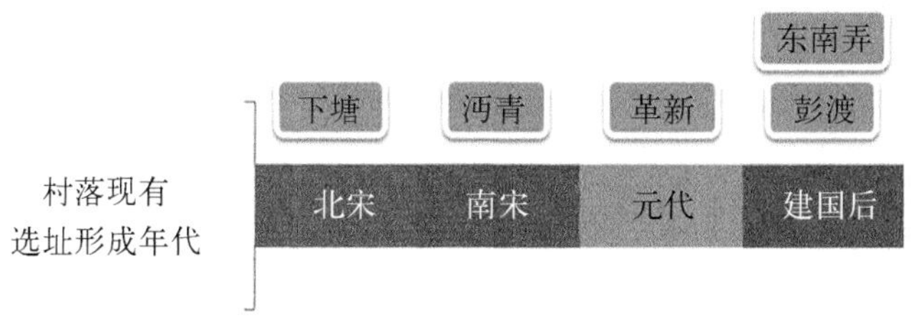

图8-7　村落现有选址年代

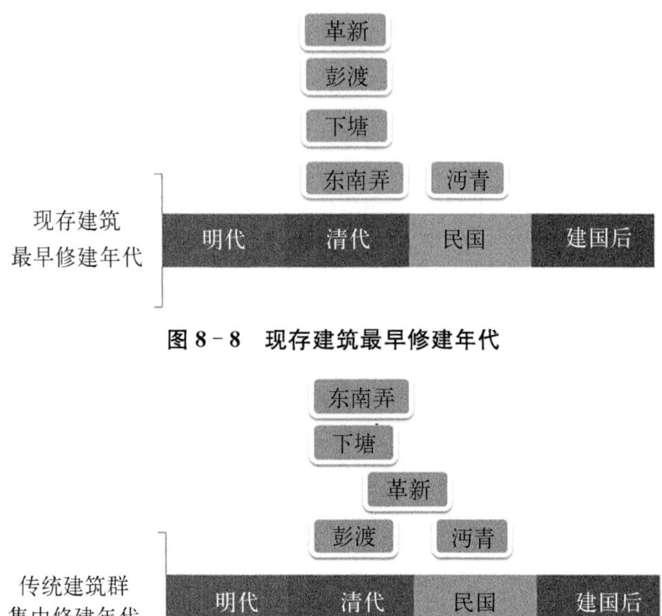

图 8－8　现存建筑最早修建年代

图 8－9　传统建筑群集中修建年代

建造，5 村落中只有沔青村的大部分建筑造于民国，革新村有一部分建造于民国。由于上海市传统村落建筑受到冲击和破坏较为严重，上海传统村落的硬件在下一步开展保护工作时要给予较多的关注和重视。

2）传统建筑占地面积、文物保护单位等级方面

据图 8－10、图 8－11 显示，5 村落中传统建筑占地面积最大的是沔

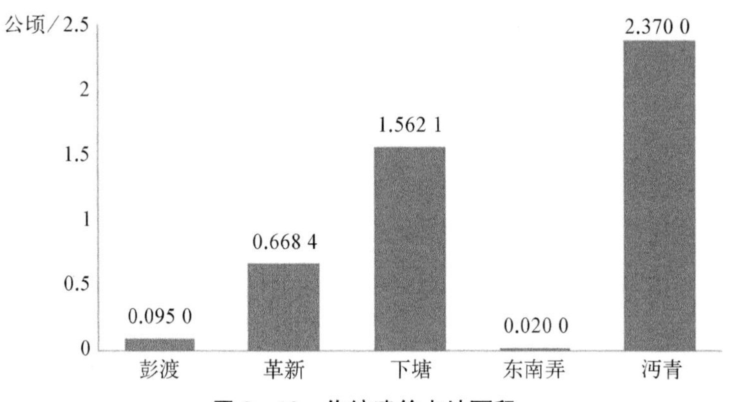

图 8－10　传统建筑占地面积

青村，占 2.370 0 公顷，其次是下塘村 1.562 1 公顷，革新村 0.668 4 公顷，彭渡村 0.095 0 公顷，最少的是东南弄村，仅 0.020 0 公顷。从各村的文保单位数量看，下塘村的文保单位虽都是区级，但数量最多，为 6 个,沔青村仅 1 处区级文保单位，彭渡村有 2 处市级文保单位，革新村和东南弄村各有 3 处市级文保单位。由于文物对传统村落保护具有重要意义，这些已有文物资源的修缮和保护应成为上海下一步开展传统村落保护的重点之一。

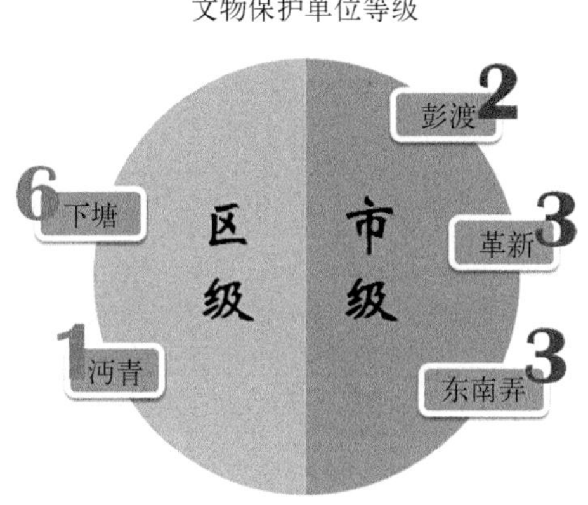

图 8 - 11　文物保护单位等级情况

3）非物质文化遗产种类数量、级别、传承连续时间方面

据图 8 - 12、图 8 - 13、图 8 - 14 显示，5 个传统村落在非遗资源方

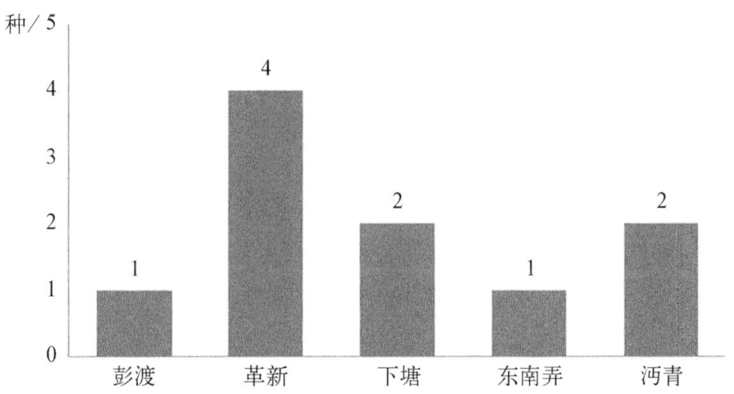

图 8 - 12　非物质文化遗产数量

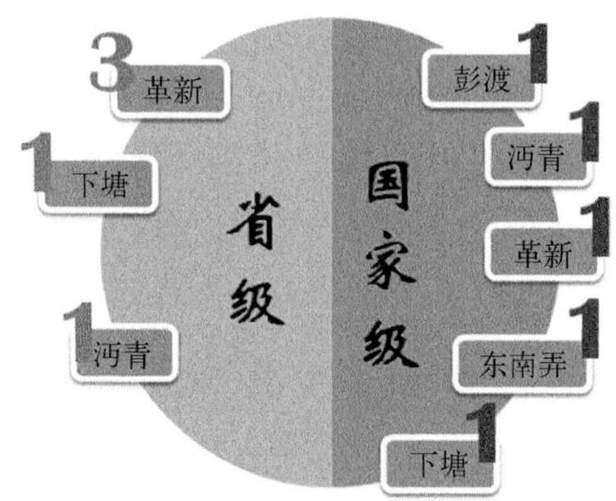

图 8－13 非物质文化遗产级别

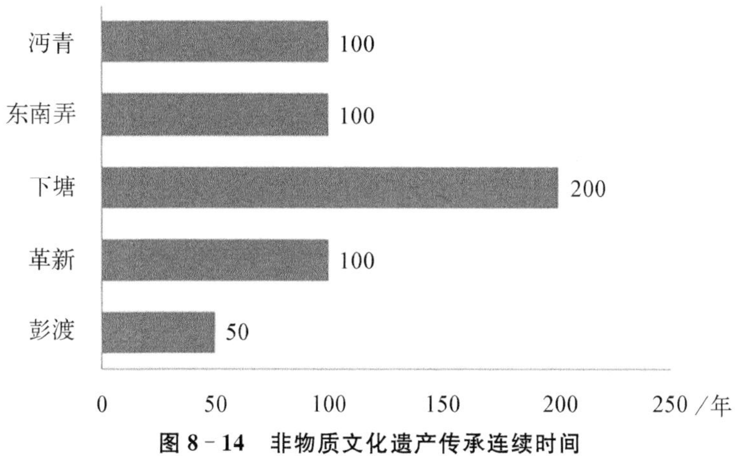

图 8－14 非物质文化遗产传承连续时间

面，革新村有 3 项省级非遗、1 项国家级非遗，共 4 项，且传承时间达 100 年以上；沔青村有 1 项省级非遗、1 项国家级非遗，共 2 项，东南弄村有 1 项国家级非遗，且两村的非遗传承时间均达 100 年以上；下塘村有 1 项省级非遗、1 项国家级非遗，共 2 项，但传承时间达 200 年以上；彭渡村仅有 1 项省级非遗，传承时间在 50 年以上。由于非物质文化遗产的重要性与日俱增，所以应成为下一步开展上海市传统村落保护工作的重要方面。

第三节　上海市的中国传统村落保护模式研究

一、国外传统村落保护模式研究

国外的村落保护是文化遗产保护的重要分支，始于但不限于乡土建筑遗产保护。其模式可大致分为初级的村落单体建筑保护模式、以北欧为主的室外博物馆模式、以欧美为代表的村镇更新模式和以日本为主的乡村再造模式。

1. 初级的村落单体保护模式

单体建筑保护模式是最初级的保护模式，主要是将纪念性或者艺术性相对突出的单体建筑进行维修，大多将其功能转化为博物馆式展览或者历史情境还原以赋予其教育、展览和旅游功能。由于这种保护模式的对象范围较小，主要为村落保护活动刚刚起步的国家和地区所采用，19 世纪中叶和下半叶的欧美国家及其他发展中国家多采用此种模式。如十八九世纪欧美国家在面对工业革命对乡村风貌冲击时，本能地采取行动保护乡村空间内具有较高纪念性和艺术性的珍贵建筑。以位于美国弗吉尼亚州北部费尔法克斯县弗农山庄的美国总统乔治·华盛顿故居为例，乔治·华盛顿从 22 岁直到逝世都居住于此，是美国人民寄托民族精神与爱国精神的重要圣地。但由于当时美国并未出台相应的建筑遗产保护法令，弗农山庄一度面临被商业化改造的命运。1853 年，来自南卡罗来纳州的安·帕米拉·坎宁汉（Ann Pamela Cunningham）女士组织了建筑遗产保护团体，用 5 年筹集 20 万美金买下弗农山庄，并根据原样保存的原则保持建筑的历史正式性和精确性。如今，弗农山庄仍保持着 1799 年时的建筑风格，同时根据历史资料尽力复原了华盛顿在世时的内部装饰与家具陈设，庄园内部的面包房、铁匠坊、制鞋作坊、黑奴住所等也得到较好的修复。景区内还设有乔治·华盛顿生平事迹展览。这一保护模式尽管尚未摆脱“强调杰出的艺术性、纪念性”的文化遗产保护观念，但可以看作是村落保护的开端。

2. 以北欧为主的室外博物馆模式

继单体建筑保护模式后，现代科学技术革命深入发展、工业化和城市化的不断加速使人们逐渐意识到，不仅具有突出纪念性和艺术性的建筑需要保护，乡村空间内作为传统日常生活存在的一般建筑和各种民俗活动也面临着大规模退出历史舞台的命运。出于对本国民族文化和乡土特色的本能热爱和认同，北欧等国发展出了室外博物馆模式。室外博物馆同市内博物馆相仿，都是按照一定的展览主题，对乡土日常生活涉及的建筑、日用品、劳作技艺和活动进行挑选，通过易地保护、原地保护和重建等方法集聚到固定的地区，并在相应的乡土建筑中对乡村特色的劳动工具、农业生产方式、乡风民俗等进行展览。

1891年，瑞典人阿图尔·哈塞柳斯（Artur Hazelius）在斯坎森（Skansen）近郊建立了第一座室外博物馆，主要展示其多年来在全国征集的具有本地民族特色的普通历史建筑，参照原样的家具、布料和颜色等进行布置，同时引导员和讲解员全部身着原居民的民族服装，为来访游客展示传统乡村烤制面包，制作蜡烛、肥皂、奶酪等生活必需品，此外还有民族乐器和民族舞蹈表演，在民族传统节日期间还会组织室外的庆典活动。1944年，美国人史蒂芬·克拉克（Stephen Clarke）在纽约附近的库柏镇（Coppertown）建立农夫博物馆，其建筑是经过易地搬迁的农舍、铁匠铺和律师事务所，展品有美国的农具、绘画和雕塑等。克拉克在建设农夫博物馆时运用其社会资本，说服纽约历史学会主席爱德华·亚历山大（Edward Alexander）将其总部也搬迁至此。该博物馆除承担一般的教育智能，还设有专业培训课程以培养专业保护人才。

美国民间遗产保护机构国家信托基金将这一保护模式定义为：“修复、重建或复制后的群落。其中，若干或众多的构造物都需要经过修复、重建或者移建，而这样做的目的是诠释历史或文化方面的设置、时期或者活动。”① 室外博物馆模式的组织者大多是有社会影响力的商人、社会活动家甚至是一国政府。由于是按照某种主题对一个较广范围内的各种乡土

① 穆尔塔夫. 时光永驻：美国遗产保护的历史和原理［M］. 谢靖，译. 北京：电子工业出版社，2012.

文化资源进行挑选，而被挑选的展品数量同被现代化、工业化吞噬的差距较大，其缺点在于未能对乡土文化遗产进行完整性保护，使很多有价值的传统要素被舍弃了。从物质遗产看，村落长时间以来由村民创造的独特建筑肌理、整体风貌未得到保留。从非物质遗产看，其展出的民俗活动作为一种脱离了现实生活的被动展演，也在很大程度上牺牲了民俗作为维持乡村社区文化记忆的纽带功能。

3. 以欧美为代表的村镇更新模式

20 世纪以来，随着工业化、城市化、现代化的深入发展，以小汽车、高速公路为主的城市扩张体系，以理性化的城市规划方法为核心的现代主义城市发展模式兴起，再一次对传统村落文化遗产造成了深层次的破坏和大规模毁灭。第二次世界大战之后，欧美各国为应对和解决“城市病”，推行了以大规模改建为特征的“城市更新”运动。但由于“城市更新”主要追求经济资本增值，也导致了城市与乡村的人际网络、文化场所、历史记忆、地区认同等受到冲击和破坏。在发现问题之后，欧美等国及时停止了大规模的城市更新运动，代之以土地的集约和小规模改建，并开创了以尊重本地文化传统，注重在社会经济发展、社区共同体纽带重建中发挥地方性传统文化要素作用为基本特征的“城市复兴”或“村镇更新”模式。政府以各种方式平衡村落空间内维修旧有建筑和营建新建筑的经济利益；引导各利益主体对农村和小城镇旧建筑及传统风貌进行整修的积极性；充分重视农村社区居民意见，改善农业产业框架基础，为居民提供更好的生活环境；增强村庄文化意识，保存农村聚落特征。这一新模式的显著特点是，不再是单纯意义上的文化保护，而将村落传统文化保护同村落经济发展与更新紧密联系起来。

20 世纪 80 年代，在意识到第二次世界大战后区域性的“战后重建”和全国范围内的“城市更新”，非但没有如愿地改善居住环境，反而造成了包括传统肌理、文物建筑周边环境和风貌景观被破坏等新问题之后，1983 年，法国政府通过了《地方分权法》，规定可以在文物建筑周围及街区和景观地建立“建筑与城市遗产保护区”（ZPPAU），以理顺地方与国家的管理职责，使文化遗产以更积极的角色参与到促进地区复兴和城市发展中。1993年，法国颁布《景观保护和价值体现法》，把“建筑和城市遗产保护区”扩大为“建筑、城市和景观遗产保护区”（ZPPAUP），将城市、乡村、自然、人工的景观全部纳入保护范畴，形成了国家保护代表“国家利益”的精品遗产、地方政府保护具有“地方价值”的乡土遗产的合作互补机制，使大批不具有突出纪念性和艺术性的乡土文化遗产也进入保护范围。

欧美村镇更新模式强调对地方乡土特色的挖掘、保护与价值重现，并保证在相关规划指导下开展建设行动。其规划研究小组以建筑师、城市规划师和景观设计师为主，并有艺术史专家、考古学专家、人类学专家、社会学专家和当地民众广泛参与，注重在充分挖掘历史文化要素的基础上进行灵活把握和多样性表达。在编制相关规划时遵循以下三个原则：一是主要介绍在研究过程中发现的历史、地理、城乡、建筑和景观特征，明确最终建设目标；二是在规划总图中明确标注对每一个区域、每一幢建筑所需要采取的措施；三是编制设计导则，明确建筑更新的改动范围与建造方式，保证地方性特色的保护和延续。这种模式的主要问题在于，过于注重建筑、景观等“硬件”保护，对村落原有非物质性文化传统的活化保护有所忽视或重视不足。

4. 以日本为代表的乡村再造模式

在西方不断修正经济社会发展模式、积极挖掘地方性认同与文化遗产的社会功能的同时，日本也开始对其现代化模式进行反思，在此背景下诞生了一种新的村落保护模式。面对工业化和城市化深入发展、西方思想占据主流、乡村社会结构破坏、乡村人口数量降低、乡村伦理规范松散等一系列尴尬局面，日本模式希望通过围绕本地文化传统，特别是非物质形态的民间习俗、不成文的乡规民约的现代化更新与重构，重新激活乡村社区居民自组织社群活力，达到自下而上振兴乡村社会、文化和经济的目标。相较于以建筑、景观等为主的欧美“村落更新”模式，日本的“乡村再造”模式更多地以非物质形态的传统特色民俗的现代化利用为中心而展开。

日本社区重建运动被称为“造町”，在其发展目标中就申明“不只重视硬体环境的改善，也将软体领域例如居民的健康、福祉、教育、社区形成等放入视野中。同时考虑物质环境的改善及无形的生活品质的提升”。[①]位于本州岛中西部地区的白川荻町，有一种名为“合掌造”的独特建筑形式，其建筑体量较大，修缮时往往需要村民互助共同完成，在历史上形成了“一家修缮房屋多家共同帮助”的“结”传统，同时也是连接乡村邻里关系的独特纽带。第二次世界大战后城乡经济的大发展和现代建筑的影响，很多“合掌造”被卖掉、改造甚至破坏掉。20 世纪 60 年代，当地村民开始组织和说服乡民发起“自救性”保护运动，成立了“白川乡合掌村”。1971 年，为协调集体或个人在保护事务上的关系，白川乡荻町成立了村落自然环境保护会，所有村户均为其会员，率先提出“不卖、不借、不毁坏”三原则，颁布了《白川村荻町自然环境保护宪章》等系列文件，确定了受保护的建筑类型和范围，为实现“好的保护”发挥了重要作用。此后，这一保护运动不断得到更多人的支持，演化为一项持久且富有生命力的日常行动。1976 年 9 月 4 日，白川被日本政府认定为“传统式建筑群保护地区”，进入国家保护视野，在政策和资金等方面得到政府支持。1995 年 12 月 9 日，“白川乡、五箇山的历史村落”（Historic Villages of Shirakawa-go and Gokayama）入选世界遗产名录，引起日本内外更广泛的关注。如今为发展旅游，一些“合掌造”开辟为家庭旅馆，一些被改造成咖啡屋、茶屋和旅游纪念品商店，但为了维持“家乡”的尊严，当地民众一直理性地控制旅游业规模，制定了不能建造大旅馆、夜晚不允许全部点亮等规定，防止过度开发对当地日常生活的破坏。在申遗成功后，来访人数激增，旅游收益成为当地重要的经济来源，离乡的村民有所回流。而由村民自下而上形成的管理规制，能否抵抗住不断膨胀的商业利益成为日本模式面临的新挑战。

二、我国传统村落保护模式研究

我国的传统村落保护刚刚起步，在吸收国际先进经验的同时，也有一

① 吴予敏，陶一桃. 追寻文脉，追求和谐 [M]. 北京：商务印书馆，2008.

定的探索和创造。从比较成熟的保护模式看，主要可分为两大类：一是从风貌分级的角度，主要包括点、线、面保护模式和风貌分区保护模式；二是从空间布局的角度，主要包括就地保护模式、易地搬迁保护模式、双村保护模式和集锦仿制模式。

1. 点、线、面保护模式

所谓“点、线、面保护模式”，是指按照多等级、多层次的原则，将保护资源主体按照点、线、面的方式进行保护和利用。有大面积的就大面积保护；构不成面或片而能构成一条线的，就成条线的保护；不能成面成线而只能成一个点的，就实施单点保护。点、线、面保护模式，有助于明确保护的资源主体和对村落资源进行系统的梳理和保护。以南浔保护规划为例，首先，南浔保护规划从整体上提出保护传统风貌，同时加强南浔的历史地段、文物古迹、自然环境的保护，及时抢救和恢复原始风貌和建筑遗迹。构筑保护系统，以点带线，以线促面，形成整体风貌意象，展示特色风貌。南浔保存完好的众多历史要素在物质空间形态上表现为节点（标志性历史景观）、轴线（历史风貌带）和区域（历史地段）三个层次，规划以河串点、以河串面、以路串点，形成以“8”字形为主体的串联路，组织江南水乡民居、传统街市风情和深宅名园三条人文脉络，巧妙将节点、轴线和区域组织成继承和发扬拓展古镇的文化内涵。这种模式一般适用于特色型村落的核心保护区域或保护范围小、资源价值少的村落，主旨是尽最大可能多保存一些历史遗迹，以体现传统村落的历史风貌和传统格局。

2. 风貌分区保护模式

所谓“风貌分区保护模式”，是根据特色型村落的资源分布，将村落分为重点保护区和环境控制区两大区域，运用不同的措施进行村落保护的模式。核心保护区的历史文化遗存丰富，包括格局、古建筑、文物古迹、传统文化等，以文化遗产的保护为主；环境协调区的新建筑物比较多，包括建筑形式、装饰艺术、色彩等与传统风格的协调，新旧建筑混杂，以协调创新为主。两个保护区域，虽然一个是保护，一个是创新，但它们之间密不可分，彼此需协调，共同体现特色型村落的风貌。这一模式适用于保护范围大、价值资源高、整体风貌完整统一的特色型村落。风貌分区保护模式，能够依照价值资源布局分区保护，有效协调传统与现代之间的关系。以苏州东山、西山传统村落保护为例，首先，确立传统村落群总体发展与保护框架，在此基础上再制定各层面保护与发展策略，保存山水格局，控制整体风貌，塑造特色空间；其次，是将村落群体的保护体系划分为村落风貌保护区、特色地段和文物古迹三个层次，分别从宏观、中观、微观三个层面，实现对传统村落的有效保护。

3. 就地保护模式

所谓就地保护模式，是指对不易搬迁和不适合搬迁的文物单位或历史文化村落，将民居建筑与原生村落环境紧密结合，保持环境真实性，维持风貌和谐统一的村落保护模式。这是特色型村落保护最常见的保护模式，适用于保存较为完整、整体风貌和谐统一、规模较大的特色型村落和文物保护单位。就地保护可分为就地整体保护和就地重点保护，其中：就地整体保护适用于保存较为完好的特色型村落；就地重点保护适用于文物保护单位。就地保护模式具有以下优势：一是法律保护，宪章和法律的规定限制了文物建筑的利用，为文物建筑的保护提供了规范上的保障；二是原真性的保护，就地保护模式对乡土建筑的原真性维护较好，乡土建筑维持其原生态环境；三是有机更新的可持续，特色型村落的就地保护对象是一个系统的有机整体，伴随着社会的发展，特色型村落也将即时更新；四是资金支持，与其他保护模式相比较，就地保护模式中的文物保护单位可以获得相关部门的资金支持。但由于乡土建筑本身的使用功能，即使采取就地保护模式也往往难以获得理想的保护，所以这一模式也存在一些不足，如：随社会发展，民众对于居住环境也有不断改善、调整的要求，损坏或改变建筑原貌的情况时有发生；在文物部门所鉴定的对象中，乡土建筑同其他类型文物建筑比较，大多数文保等级较低，重视程度相对不足，维护资金极其有限，保护工作实施效果不佳。

在就地保护模式中，乌镇和周庄值得关注。乌镇以“整旧如故，以存其真”为原则，具体做法可归纳为“迁、拆、修、补、饰”5个字。

所谓“迁”，是搬迁历史街区内必须迁移的工厂、大型商场、部分现代民居；“拆”，是拆除必须拆除的不协调建筑；“修”，是用旧材料和传统工艺修缮破损的老街、旧屋、河岸、桥梁等；“补”，是恢复或补建部分旧建筑，填补空白，连缀整体；“饰”，是各类电线、管道全部地埋铺设，空调等现代设施全部遮掩。这“五字法”是乌镇的创意之举，恢复和保持了古镇的原真风貌，得到国内外专家的肯定和赞誉。“周庄模式”是一种“修旧如旧”的更新改造方式，尽量让传统聚落整体面貌恢复到农耕时代的原生态面貌。通过对聚落整体环境进行综合整治，满足现代生活的需求；同时，使用一些传统建筑符号对环境进行点缀，营造古香古色的氛围，促进旅游业的发展，带动传统聚落的更新和发展。对大部分的建筑予以修缮，对一些不适应保护或旅游需求的建筑进行拆迁，也包括重建或恢复一些古建筑。

4. 易地搬迁保护模式

所谓“易地搬迁保护模式”，是指在特色型村落保护与利用过程中，部分分散的或被新建筑包围且保存较完好、价值较高的历史建筑，确因公共利益需要的建设活动无法实行就地保护时，将其按原样拆解重建，这一方式又称拼贴式保护模式。异地搬迁保护分为异地集中保护和异地分散保护，适用于：① 建筑散落在偏僻之处，周围环境遭受破坏；② 建筑坐落在发展区域，被新建筑包围；③ 由于大型公共项目兴建，建筑原有地被侵占，不得不迁往异地。易地保护模式一般都是将散落于各地的乡土建筑按原样以拆解重装的方式易地搬迁集中保护。这一模式有一些优势：一是濒危的乡土建筑绝大多数散落于保护环境恶劣山区农村，属于非迁建则无从保护的范畴。采用易地搬迁保护模式的保护，对濒临消亡的乡土建筑遗产起到积极的保护作用。二是资源整合优势。将多处古建筑迁移至同一地点，形成相当规模的古建筑群，既有利于文物的保护研究，也有利于文物旅游开发，将建筑资源和旅游资源相结合，充分发挥市场的资源配置优势。三是传承传统工艺。易地保护模式是对原有建筑部件编号拆除，然后易地按照原始比例、尽可能使用原有材料、按照原有工艺对原建筑进行复制。在易地保护过程中可以发现和传承大量传统工艺，为乡土建筑的维修积累实际操作经验。同时也存在一些问题：其一，脱离原生环境。传统建筑赖以存在的自然环境和社会环境各类要素形成了原生态环境，它包括传统建筑、村落风貌、文化品质，这作为一个整体，进行村落和传统建筑的整体保护是国际上文化遗产保护实践过程中总结出的经验。易地搬迁保护模式只搬迁了传统建筑的物质主体，脱离了原生态环境，造成易地后历史建筑信息不完整。其二，原真性的丢失。易地搬迁保护，是一个拆建和复建的复杂过程，即使在运作过程中严格把关，重建之后，也不再是原真性的建筑。

20 世纪 80 年代，为抢救和保护明代徽派建筑，黄山市将分散在徽州区和歙县潜口、西溪南、郑村、许村等地的价值较高、损坏严重又不宜就地永久保存的明代建筑集中搬迁到潜口进行复原保护，形成了一个明代民居山庄，定名为“潜口民宅博物馆”，简称“潜口民宅”。整座山庄面积 1.72 万平方米，采取原拆原建的方法，将散落在各地的 10 座典型明代建筑集中于一处，亭、桥、楼、阁、厅及内部陈设俱全，重现了明代山庄之风貌。

5. 双村保护模式

所谓“双村保护模式”，是指文物保护单位或者历史文化名村以及文化遗产地，为了减少社会进步对其带来的建筑环境破坏，由政府主导在村落邻近地段重新规划建设“新村”，满足建设新房、更新现代基础生活设施的需求，减小社会发展带来的居民生活条件和居住人口等压力的模式，一般适用于保存非常完整的、规模较大的、资源价值和研究价值较高的，且不能够承受人口增长带来的负面影响的特色型村落。这一模式的优点在于：① 旧区无须变动太多，有利于保护工作的开展；② 新区可以根据自身的发展需要，建设更为灵活主动，不必受到旧区保护村落中政策的牵制和影响；③ 生活条件得到改善；④ 人口压力得到缓解。集中保护模式将原来分散的传统民居原样搬迁修建，建筑的位置选择灵活性大。

以“束河模式”为例，主要方式为在原有村落一侧另辟新区，新区基本延续原有村落肌理和格局，引入旅游投资企业来开发旅游业。而原有村落不必承担全部的开发压力，得以维持原有的风貌与生活方式。本着“以发展促保护”的原则，以新区旅游开发的收入来改善原有村落的基础设施条件，提高村民的生活质量，为原有村落的更新保护注入新的活力。同时，新区的旅游开发带来的就业机会也可以解决原有村落居民的就业问题。这种模式的优点在于，借助适当的外来力量（主要是旅游投资方面），有可能在较短时间内改善聚落的经济状况，基础设施配套也会得到相应的更新；同时，由于原有村落避免了过度的旅游开放，居民的生活方式得到保留，为维护传统聚落信息（物质和非物质）的完整性创造了可能。

6. 集锦仿制模式

所谓“集锦仿制模式”，是在原生环境之外，因博览、观光需要，将已损毁、濒临损毁或位置偏远的具有一定代表性的建筑，仿制建造在一起，便于人们参观学习的文化遗产保护模式。其特点是模拟真实环境，尽量营造原真性的氛围，建筑的比例、形式、颜色、材料要与原建筑相同。这种模式多侧重于形式的继承与延续，可起到展示和弘扬传统文化的作用，也是村落文化传承的一种方法。

中国民俗文化村位于深圳市锦绣中华的西侧，占地20多万平方米，是中国第一个荟萃各民族民间艺术、民俗风情和民居建筑于一园的大型文化旅游景区，内含22个民族的25个村寨，均按1∶1的比例建成。通过民族风情表演、民间手工艺展示、定期举办大型民间节庆活动，如华夏民族大庙会、泼水节、火把节、西双版纳风情月、内蒙古风情周等多种形式，多角度、多侧面地展示我国各民族原汁原味、丰富多彩的民风民情和民俗文化，让游客充分感受中华民族的灵魂和魅力。中国民俗文化村以“二十五个村寨，五十六族风情”的丰厚意蕴赢得了“中国民俗博物馆”的美誉。

总而言之，由于村落与城市、传统与现代化之间属性的不同，村落保护的实践在反思现代性弊端的诉求中逐渐演变为对村落整体风貌、人文生态、生活方式的保护，自然延伸出了村落固有的传统文化如何在原有的空间中继续活态存续的问题。从这个角度看，在未来新型城乡关系中，“文化”将作为更重要的因素而存在，同时“文化”同经济、社会等各个要素之间的关系将更加复杂化。

三、上海市传统村落保护模式研究

自1843年开埠以来，上海迅速崛起，成为中国和远东地区的经济、航空、贸易、金融中心。当代上海是中国国际化水平最高的大都市，是世界第六大城市群——长三角城市群的首位城市。2008年，国务院提出把长三角建设成亚太地区重要的国际门户和全球重要的先进制造业基地、具有较强国际竞争力的世界级城市群。因此，上海的传统村落保护工作必须放在长三角城市群的背景下进行规划和设计。

1. 上海与长三角的中国传统村落共同点

长三角传统村落文化主要包括江南传统村落“鱼米之乡”的自然环境条件、“晴耕雨读”的生产生活方式和以吴风越俗为主体的人文文化谱系，分别对应于“物质文化”“社会文化”和“人文文化”。在“新型城镇化”和“建设美丽乡村”的战略框架下，结合吴、越、沪三大子文化区的传统村落的具体情况，以保护长三角村落传统物质文化、长三角村落传统社会文化、长三角村落传统人文文化为中心，形成长三角村落文化要素体系：

(1) 物质文化要素体系：以特色建筑为中心，包括植被、古树、名木、小巷、水巷、青石板、白粉墙、后门河埠头、街楼、庭院、圈门、水阁、河房、舟船、平桥、拱桥、桥廊、桥亭等。

(2) 社会文化要素体系：以特色社会要素为中心，包括戏台、庙观、美食、手工艺、祠堂、祖坟、匾额、石刻、茶室、小吃、邻里、社交场所、酒肆茶坊等。

(3) 人文文化要素体系：以特色人文要素为中心，包括诗词、绘画、戏曲、民歌、野趣、掌故传说、名人、文化记忆、楹联等。

这些要素体系具有鲜明的江南村落特色，是上海和长三角其他城市都需要保护的农业生产生活方式和农业文化遗产。

2. 上海与长三角传统村落的差异性

上海市于1986年入选第二批国家级历史文化名城，属于“近代革命史迹型”历史文化名城，是我国近代科技、文化的中心和国际港口城市，是中国共产党的诞生地，许多近、现代重要历史事件和历史人物的事迹都在此上演，如小刀会起义、五卅运动、上海工人三次武装起义、淞沪抗战等。截至 2014 年，上海市有 1 661 个行政村、3.6 万个自然村。① 与辉煌的城市历史和丰富的城市资源相比，上海市只有 5 个村落入选中国传统村落名录，且由于开发遭受较为严重的破坏，这 5 个村落与长三角其他城市的传统村落已有很大的不同。

(1) 物质文化资源历史短、破坏大。虽然上海西部地区成陆已有六千多年的历史，更有距今五千多年的崧泽文化，但现存的自然村落历史最早不过宋元时期，现存的古建筑大多建于民国以后，明清之前的物质遗存非常少。因战争破坏、城市重建及新农村建设等一系列拆建行动导致几乎找不到成规模、格局完整的真古迹与村落形态。2003 年，上海颁布实施《上海市历史文化风貌区和优秀历史建筑保护条例》，但对于违反此条例的行为也只是罚款了事，因此一些无视文物保护条例、强拆文物古迹的事件仍时有发生。

(2) 社会文化资源根基尚存。上海是中国现代文化的大本营，但西方化程度也是最深的，因此，以宗族为本的传统生活方式受到很大冲击。但由于经济条件、自然环境、交通设施等各方面都占有优势，相较其他城市的农村，上海农村对原始居民的凝聚力更大，其宗族世家的家族力量虽然微小，但四世同堂等传统生活方式仍在较大范围内存在着，为传承上海农村社会文化资源提供了有利条件。

(3) 人文文化资源多元丰富。上海的传统村落人文文化资源涵盖历史文化、地域特色文化、革命文化、民间文化等多元丰富的文化资源，虽然在历史变革中也遭遇过破坏，但传统文脉在本地村民的口耳相传中流传至今，且在 2011 年上海市政府提出“建设国际文化大都市”，2012 年提出“完善上海社区文化中心建设管理”后，上海市各级政府对重建传统村落的人文文化均给予了较大的政策支持，这有助于保护各类人文文化资源并

---

① 李继成. 上海最大规模郊区城镇化调查：1 个月逐一走访 3.6 万自然村 [EB/OL]. (2014-08-11) [2017-03-23]. http://money.163.com/14/0811/10/A3C15GO100253B0H.html.

开展后续的传承与发展。

3. 上海传统村落保护的文化模式

上海传统村落大多与古镇联系紧密，如泗泾的下塘村、罗店的东南弄村、召楼的革新村及横沔的沔青村等，几乎已看不到昔日农村的面貌，村落生活味道淡薄；同时，限于紧张的土地资源和高度的市民社会特征，上海传统村落保护模式要与那些民族特色明显、古建规模庞大的传统村落区别开。笔者认为，在顶层设计上，可将上海传统村落保护模式明确为“风貌分区保护模式＋就地保护模式”。首先，将村落分为重点保护区和环境控制区两大区域，根据各区域的具体情况而采用不同的保护措施；其次，从 5 个传统村落的传统风貌特点出发，下塘村、革新村、沔青村比较适合就地整体保护模式，而只有几处文保单位、传统村落人文底蕴与风貌已遭破坏的彭渡村与东南弄村，则比较适合使用就地重点保护模式。再次，按照分类保护的原则，围绕政策制定、规划编制、资金配套、人员培训及实施措施，对濒危或已消失的村落物质遗产进行挖掘与修复，重点关注上海传统村落的生活方式和文化遗产的抢救性保护，走出一条投入和产出比较匹配、速度和规模比较适度、传承和创新比较协调的新路子。

第九章

我国发达地区智慧村镇建设发展研究报告——以上海市金山区廊下镇为例

自给自足的传统农业生产生活方式，是我国农村长期陷于“结构封闭”和“信息贫困”的主要原因。中华人民共和国成立以后，特别是改革开放以来，这种封闭形态逐渐被打破，主要可以划分为四个阶段：20世纪70年代以前，农村主要是利用村头广播和放电影等传递和聚集信息；70—80年代，主要是通过电视和电话传递信息；90年代以来主要是通过有线电视传递信息；进入21世纪，随着通信网、互联网和物联网等的兴起，我国广大农村开始真正步入信息社会。截至2014年6月，我国农村网民规模已达到1.78亿，占全部网民的28.2%，预计到2020年全国行政村通宽带比例将超过98%。智慧村镇是在这个大背景下必然提出的新课题。

第一节　金山区廊下镇规划和建设智慧村镇的背景与条件

廊下镇位于金山区中部偏西南，区域总面积51平方千米，辖12个村民委员会和2个居民委员会。总户籍8 747户，户籍人口31 107人。廊下镇是金山现代农业园区的所在地，也是上海市郊面积最大的综合性现代农业园区，园区实行“镇区合一”的管理体制。目前已形成“三区两带一基地”的产业布局：“三区”为种源农业区、中央厨房集聚区、休闲旅游度假区；“两带”为金廊公路优质蔬菜生产产业带和金石公路经济果林带；“一基地”即万亩良田粮食生产基地。

在党的十八大确立“四化同步发展”的时代背景下，作为工业化、城镇化和农业现代化的核心，信息化不仅是工业化的最新发展阶段和增长“引擎”，是城镇产业升级和城镇功能提升的发动机，也是实现我国农业现代化的主要动力和关键手段，是未来一个时期农业现代化的方向和效率的体现，以及促进农村经济发展和提高农民收入的重要途径。在改革开放大潮中形成的“廊下农业模式”，曾被誉为“中国特色的农业工业化模式”。今天的廊下镇作为上海市市级现代农业园区的主体，拥有良好的区位、基础设施、产销模式、人才与技术等多方面的优势，理应审时度势，及早布局和建设智慧村镇，促进村镇发展方式转变和创新。

自 2013 年起先后出台了《国务院关于促进信息消费扩大内需的若干意见》《关于加快实施信息惠民工程有关工作的通知》《国家新型城镇化规划（2014—2020 年）》《关于印发〈智慧社区建设指南（试行）〉的通知》《关于促进智慧城市健康发展的指导意见》等系列政策文件，预示了我国智慧城市将迎来新一轮的规划和建设高潮，其中不仅很多文件直接讲到村镇，在城乡一体化发展的大背景下，智慧城市和智慧村镇建设也将出现融合发展的新趋势。

从上海市层面来看，早在 2011 年 9 月，就推出《上海市推进智慧城市建设行动计划（2011—2013）》；2014 年 9 月，继续推出《上海市推进智慧城市建设行动计划（2014—2016）》，其中：智慧村庄被单列为第 25 项“重点专项”，和智慧社区、智慧商圈、智慧园区、智慧新城并列为五大“智慧城市新地标”。在 2014 中国信息化发展水平评估中，上海以综合指数 94.94 继续保持全国第一，并以网络就绪度指数（Networked Readiness Index，是一个国家或团体加入信息化发展并从中受益的就绪程度）88.45 和信息通信技术应用指数 96.77 领跑全国。与大庆市的“智慧村镇”建设内容相比，上海市的“智慧村庄”建设在科技、文化、民生方面提出的要求更高，也符合上海经济社会和城市文化发展水平。这是上海郊区乡镇在智慧村镇建设中面临的最大政策红利和战略机遇之一。

2013 年 11 月《上海市智慧社区建设指南（试行）》中，“智慧社区建设是指在街道、镇、村等地理区域范围内”，意味着上海智慧村镇建设和上海市社区在“信息基础设施网络化”“生活服务便利化”“社区管理与公共服务信息化”“小区管理智能化”“家居生活智能化”及保障条件方面已实质上取得了“同城同权”，初步实现了城乡均等化，为中国智慧村镇建设提供了示范，也为上海村镇的信息化和智能化建设敞开了大门。

自 2012 年启动开展智慧社区试点以来，上海已有 43 个以街道或镇为主体的试点单位，其中包括金山区的枫泾镇和山阳镇。2014 年 12 月 9 日，上海市经济和信息化委员会、上海市农业委员会联合发布《关于开展本市智慧村庄建设首批试点的通知》，首批试点村庄包括 5 个，即金山区金山卫镇八字村、崇明县绿华镇绿港村、崇明县竖新镇仙桥村、闵行区七宝镇九星村和宝山区顾村镇星星村。试点工作启动使上海市智慧村庄建设进入常态化，这为包括廊下镇在内的所有上海农村开展智慧村镇规划与建设提供了重大战略机遇。

可见，廊下镇规划、布局和建设智慧村镇的时机、背景和条件已经具备。

第二节 廊下镇信息化建设与服务的现状与条件

根据笔者 2015 年 1 月 30 日在廊下镇的调研，综合国家智慧城市、城乡公共服务一体化、智慧社区建设及上海市智慧城市、智慧村庄相关要求，廊下镇信息化建设与服务的现状主要表现在以下几方面：

一、廊下镇信息基础设施建设与服务现状

（1）入户宽带网络情况。全镇主要有中国电信的入户宽带网络，镇区内也有中国网通和铁通的宽带网络覆盖。但目前农村宽带网络入户率较

低，原因不是村民觉得价格贵，而是觉得有线网络用处不大，可有可无。

（2）无线宽带网络覆盖情况。政府办公大厅有“i-Shanghai”，乡村旅游景点只有廊下生态园的核心区域和茉园为游客免费提供 Wi-Fi 服务，其他如中华村、农业科普馆和果蔬园地，虽建有 Wi-Fi 网络，但只对园区工作人员开放，对游客不提供服务。目前全镇 4G 网络运营商只有中国电信，其 4G 网络信号已经覆盖旅游景点的核心区域，但还未进入正式运营。

（3）有线电视双向数字化改造情况。有线电视数字化改造工作已全部完成，完成了全覆盖，但在农村仍是单向数据，镇区已实现数据双向化。

（4）政务信息化情况。村委会使用全区统一的政务工作信息平台（内部邮箱系统），实行村务管理，终端带宽为 100 Mbps。村委会还设有农委设立的可查询农业技术知识的终端机“农民一点通”、组织部设立的与村务工作相关的“民情一点通”、医疗系统网络、治安监控视频网络等。村务报表主要通过电子邮件送达镇里，且内容主要是社会与民政方面的，农业类信息不多。目前每个村设有代收村民水电费的工作室，但未实现电子缴付。另外，镇里正在积极建设农产品安全回溯系统，但难度较大。

（5）公共文化服务情况。目前仅有少量硬件设施，还没有管理文化资源的系统平台。例如，镇社区文化活动中心的舞蹈室只有一块大屏幕，无网络连接。农村广播已开始使用数字广播频道，由金山区进行统一控制，可兼顾村内文化娱乐活动和自然灾害预警等，但广播时段、频道由村里控制，可以自办方言节目，但节目重复率较高。

（6）医疗养老信息化情况。目前使用的主要是金山区科委统一建设的光纤网络，各村均建有医务室，使用医务平台系统（内部邮箱系统），通过政府中心机房连通镇社区卫生服务中心和上级医院，带宽为 100 Mbps。但村民尚不能在村医务室内刷医保卡。农村养老以敬老院、日托等机构和家庭养老结合为主，敬老院的用户主要是子女不在身边的老人，一间房间住 2～3 人，屋内配有电视，无网络。镇里的养老工作迫切需要信息化手段进行改善。

(7) 信息中心管理情况。镇信息中心由镇宣传委员分管，设有一名专职人员，除主要负责政务信息平台方面的维护管理外，还负责镇宣传、舆情、报刊、微信及镇里的手机移动小号（使用人数为 2 000～3 000 人）的管理。目前的情况是财力薄弱，近几年投入很少，镇里只负责日常维修费。

二、廊下镇智慧旅游建设情况

(1) 廊下镇旅游信息推送机制初步形成。主要通过上海旅游网、金山区廊下镇人民政府网、金山传播（微博）、廊下传播（微博）、廊下旅游（微信公众号）、廊下农家乐（微信公众号）等，为旅客实时推送最新旅游信息。

(2) 重点乡村旅游项目信息服务有较高水平。廊下镇乡村休闲旅游的重点是乡村农家乐和农业科普旅游，其中作为全国农业旅游示范点的廊下生态园，以及由锦江国际（集团）有限公司打造的上海锦江中华村农家乐等规模较大的旅游景点，与携程网、途牛网、去哪儿网、同程旅游网、驴妈妈旅游网等网站合作，推送旅游信息，可以网络购票、预订酒店房间。

(3) 其他较分散的农产品采摘点、观光点等还没有即时信息平台。如山塘村枫叶岛、和枫彩公司的红枫种植基地，被摄友意外发现，已成为上海市摄影爱好者采风的热门地点。2013 年通过微博和新金山论坛等平台吸引了很多网友。2014 年 11 月游客激增，但由于没有预告最佳观赏期，同时上海发布（微信平台）推送的交通信息文字部分导向有误，影响了一定声誉。

三、廊下镇智慧农业建设情况

金山现代农业园区是上海市市级现代农业园区，总面积 51 平方千米，是上海市郊面积最大的综合性现代农业园区，先后被批准为全国农产品加工示范基地、国家级基本农田保护示范区、国家级农业旅游示范区、国家

AAA级景区。园区按照“举农业旗，走旅游路，唱文化戏，打廊下牌”的发展思路，重点发展动植物优良品种繁育、生物高科技、农产品精深加工、食用菌、绿色文化旅游等科技含量高、能耗低、无污染的都市型农业产业；构建了以蟠桃为代表的经济果林产业带和以设施蔬菜为代表的优质蔬菜产业带；打造了万亩全程机械化粮食生产示范基地；形成了3个具有自主知识产权并独立研发的植物组培实验室；建成了近10个种源种苗生产企业。建成项目包括：高标准万亩设施粮田、农民宅基地置换试点工程（万春苑、草坪种植基地）、上海金山盛姆反季节桃园、现代化种子种苗基地、出口紫苏叶生产基地、特种水产研发基地、奶牛养殖基地、冬枣生产基地、上海农科院特色葡萄生产基地、出口花卉基地、玉环灵芝培植基地、无农药蔬菜生产示范基地、扶郎花生产基地、金山区农副产品加工配送中心、法国小木屋休闲基地、优质农产品展示中心、彩叶树苗繁育基地。

但从智慧村镇规划建设角度看，只有大型企业如上海鑫博海农副产业加工有限公司、上海海亮有机食品供应链有限公司的信息化建设水平较高，园区整体的信息化基础设施建设比较滞后。例如，在农产品销售信息方面，廊下镇主要由农业技术推广站负责，不仅农产品供需信息掌握不到位，也缺乏统一的农产品销售平台；在农产品安全回溯系统建设方面，目前这一系统无法充分利用，除规模较大的农产品生产公司与农业合作社有能力自建部分回溯系统外，其他农产品生产厂家囿于劳动力素质和人力物力问题均无法实现信息及时录入。这些都是需要廊下镇政府加以解决的。

四、廊下镇智慧环保建设情况

在环保信息实时监控方面，较大企业一般建有污染实时监测系统，但大量小企业因资金有限基本都没有置备。如何将已有的监测系统纳入统一平台进行管理，避免重复建设，并对小企业加装实时监控系统，是智慧村镇建设亟待解决的问题。

由此可知，廊下镇的信息化和智慧村镇建设已有一定基础，同时政府、企业、村镇居民和游客对提升信息化服务水平也有强烈的要求和需要，建设智慧村镇应当尽快提到全镇重要议事日程上来。

第三节　廊下镇智慧村镇建设中的主要问题

据调研，廊下镇信息化在建设发展与服务质量上参差不齐，既有基础设施建设不足而需要加大建设力度的问题，也有资源配置使用效率不高而需要协同政府和企业集聚提升的问题；既有市场与企业的协作机制问题，也有需要政府统筹和整体推进的问题。这些问题严重制约了廊下镇经济社会发展和民生服务水平，与其作为上海市市级现代农业园区的身份不相匹配。

一、领导意识和重视程度不足，相关机制与政策多有欠缺

在《上海市推进智慧城市建设行动计划（2011—2013）》中，已提出“落实重要功能区、郊区新城镇的信息基础设施专业规划编制，推进专业规划的全市域覆盖，实现与相应层级城乡建设规划的有效对接”的政策部署。但廊下镇至今尚无相关专项政策和发展规划，其智慧村镇建设仍处在自发和零散的“初级阶段”。2011 年 11 月 24 日，浦东新区率先在国内完成“智慧城市评价指标体系”1.0 版，对智慧城市建设提出量化指标，并同步制定实施《智慧浦东建设三年行动计划》。金山区迄今尚无区一级的指导文件和发展规划。在镇一级政府中，只有金山卫镇 2014 年组织各村居学习点开展了“建智慧城市，做智慧市民”的培训，组织了 20 名居民参观体验金山移动公司智慧城市体验中心。与之相比，廊下镇不仅没有专门性的指导文件和发展规划，在组织管理上也存在着人力不足的问题。镇信息中心只有一名工作人员，并同时负责宣传、舆情等工作，只能对现有基础设施和服务进行日常维护，无力开展相关的协调和推进工作。

二、信息化基础设施布局和投入零碎散乱，缺乏顶层设计和统一规划

缺乏顶层设计和中长期规划，导致镇信息化建设项目和资金投入缺乏主线、“条块分割”问题严重、建设目标和内容相互冲突，无法产生联动效应和聚合效应。一方面是缺乏规划及专项资金，一些必要的信息化建设项目无法布局和实施；另一方面是各部门的信息化建设项目与经费缺乏统一规划和调配，造成了大量、持续的低水平重复建设，既降低了建设资金的使用效率，也增大了智慧村镇建设的成本。2015 年 1 月，宝山区顾村镇馨佳园大居的“智联城”实现“全覆盖”，利用数字化手段将街面管控和小区治安防范纳入统一管理，形成“大联动、大联勤、大联防、大联合”工作机制，既起到精细化管理的作用，又节约了政府的基建投入，可以作为廊下镇智慧村镇规划建设的参考和借鉴。

三、信息数据缺乏互联互通机制，无法形成大规模的协同协作

据调研，廊下镇的信息系统主要有农委口的“一点通”（农业科技知识与技术服务系统），医院、社区卫生服务中心的医疗管理系统，安全口的监控摄像头系统、交通口的交通管理和出行提示系统、组织部负责的“民情一点通”系统和党务管理系统、旅游口的智慧旅游系统、环保口的环保在线检测系统、农技站的农产品供需服务系统等。由于分属不同部门，形成“纵向互联、横向不通”的困局。例如，农技站的农产品供需信息采集与旅游口等不联通也不联动，无法为果农提供准确的市场需求信息；旅游公司与交管部门的数据分离，是造成山塘村枫叶岛游客迷失方向的直接原因。同时，由于信息系统在技术设计上“各自为政”，镇主要信息平台的数据系统和功能差别很大，无法实现信息交换和共享，既增加了信息化建设和村镇政务管理的成本，也增加了使用者的时间成本，在应对市场需求变动、社会突发情况时往往反应很慢，十分被动。

四、缺乏统一的大数据平台，信息服务的“便捷性”较差

在《上海市推进智慧城市建设行动计划（2011—2013）》中，已提出网格化管理系统应用拓展至金山等郊区县，“实施街镇网格化管理拓展，加强城市管理与社区治安、教育、卫生、工商等其他社会管理联动”，同时提出“完善社区事务受理、协同办理系统”，推进服务模式从“一门式”向“一口式”转变，提升社区事务受理的便捷性和透明度。但在廊下镇，由于缺乏统一的大数据平台及相关机制，村镇居民生活的“不便捷、不智慧”情况依然比较严重，如：民政部门和劳动保障部门负责的涉及民生服务共包括100余项业务，都需要村里将数据报到镇里再统一录入，尽管金山区统一的政府办公网络可在村内直接登录，但却不能开放给村民办理相关事务；曾为方便村民办事设立的“一口受理”政府办公窗口，也因缺乏统一平台和机制支持而难以维持。与之相对，2015年1月浦东新区周浦镇创办的“智汇家园”信息平台，就是一种整合本地化的需求和服务资源，提供短距近程服务，最快在15分钟内响应、在一两小时内解决问题的“智慧生活服务”平台。

五、“重政务、轻文化”问题突出，信息化建设和投入布局不均衡

党的十七届六中全会《决定》提出“加快城乡文化一体化发展”，强调“增加农村文化服务总量，缩小城乡文化发展差距，对推进社会主义新农村建设、形成城乡经济社会发展一体化新格局具有重大意义”。2013年11月，浙江省启动实施了浙江省文化强镇的评选与建设工作，其中一个亮点是利用互联网，建设“网络图书馆”“网络博物馆”“网络剧场”等数字文化服务网络。与之相比，廊下镇的信息化建设主要是村镇政务管理系统，在居民生活文化方面投入明显不足。镇信息中心主要负责政务信息管理，镇数字文化服务与中西部地区相差不大。虽建成镇内统一的数字广播频道，为农村老年人提供文化服务，但节目重播率高，内容与形式单一；全镇虽有宽带网络全覆盖，但由于文化供给与需求不协调，除镇中心区

域，农村的开通率较低，出现了可提供服务但无需求的尴尬局面。镇文化活动中心只有少量硬件如大屏幕电视，村镇敬老院、日托机构也只有电视，而没有网络接入。

第四节　廊下镇规划与建设智慧村镇的对策建议

根据笔者对上海市经济和信息化委员会挂牌的 5 个智慧村庄建设试点的情况分析，同时参照前期对长三角 26 个中国传统村落的调研报告，笔者认为在廊下镇的信息化服务平台和美丽乡村建设中存在的问题，在上海和其他省市的乡镇中也普遍存在。这不仅与上海作为中国信息化发展水平最高的城市不相匹配，与《上海市推进智慧城市建设行动计划（2014—2016）》关于“智慧村庄”建设的主要目标也有较大差距。为此，提出的相关对策建议如下：

第一，把信息化作为推进新型城镇化和农业现代化融合发展的核心手段，推进村镇政府行政管理体制机制改革创新，构建以村镇智慧政务系统为支撑平台的新型村镇行政管理机构。

第二，结合住房和城乡建设部 2015 年“全面启动村庄规划”的工作部署，率先启动编制“廊下镇智慧村镇总体规划”，探索建立有地区特色的“上海智慧村镇”发展模式。

第三，由于信息化基础设施建设投入大、覆盖面广，建议廊下镇整体纳入“上海市智慧村庄”建设项目，及早研究并确立以智慧村镇建设为中心，引领自身转型创新发展。

参 考 文 献

References

著作

1. 白吉尔. 上海史 [M]. 上海：上海社会科学院出版社，2005.
2. 曹树基. 中国人口史・明时期 [M]. 上海：复旦大学出版社，2000.
3. 陈锋. 明清以来长江流域社会发展史论 [M]. 武汉：武汉大学出版社，2006.
4. 褚绍唐. 上海历史地理 [M]. 上海：华东师范大学出版社，1996.
5. 樊树志. 明清江南市镇探微 [M]. 上海：复旦大学出版社，1990.
6. 樊树志. 乌泥泾——绫布二物，衣被天下 [M]. 上海：复旦大学出版社，1993.
7. 冯尔康. 清人生活漫步 [M]. 北京：中国社会出版社，1999.
8. 顾炳权. 上海风俗古迹考 [M]. 上海：华东师范大学出版社，1993.
9. 顾炳权. 上海历代竹枝词 [M]. 上海：上海书店出版社，2001.
10. 顾禄. 清嘉录：十二卷 [M]. 南京：江苏古籍出版社，1999.
11. 洪泽. 上海研究论丛：第一辑 [M]. 上海：上海社会科学出版社，1988.
12. 康少邦，张宁，等. 城市社会学 [M]. 杭州：浙江人民出版社，1986.
13. 雷梦水，潘超，孙忠铨，等. 中华竹枝词 [M]. 北京：北京古籍出版社，1997.
14. 李天纲. 文化上海 [M]. 上海：上海教育出版社，1998.
15. 李治亭. 清康乾盛世 [M]. 郑州：河南人民出版社，1998.
16. 厉无畏. 创意产业导论 [M]. 上海：学林出版社，2006.
17. 梁方仲. 中国历代户口、田地、田赋统计 [M]. 上海：上海人民出版社，1980.
18. 刘石吉. 明清时期代江南市镇研究 [M]. 北京：中国社会科学出版社，1987.
19. 刘士林. 西洲在何处——江南文化的诗性叙述 [M]. 北京：东方出版社，2005.
20. 刘士林，苏晓静，王晓静. 江南文化理论 [M]. 上海：上海人民出版社，2019.
21. 罗苏文. 上海传奇——文明嬗变的侧影（1553—1949） [M] 上海：上海人民出版社，2004.
22. 马湘泳，虞孝感，等. 太湖地区乡村地理 [M]. 北京：科学出版社，1990.
23. 马学强. 上海通史：古代卷 [M]. 上海：上海人民出版社，1999.
24. 马正林. 中国城市历史地理 [M]. 济南：山东教育出版社，1998.

25. 芒福德. 城市发展史——起源、演变和前景［M］. 宋俊岭，倪文彦，译. 北京：中国建筑工业出版社，2005.
26. 梅新林、陈国灿. 江南城市化进程与文化转型研究［M］. 杭州：浙江大学出版社，2005.
27. 欧阳卫民. 中国消费经济思想史［M］. 北京：中共中央党校出版社，1994.
28. 谯枢铭，等. 上海史研究［M］. 上海：学林出版社，1984.
29. 上海民间文艺家协会. 中国民间文化——稻作文化与民间信仰调查［M］. 上海：学林出版社，1992.
30. 上海市文史馆，上海市人民政府参事室文史资料工作委员会. 上海地方史资料（二）［M］. 上海：上海社会科学院出版社，1982.
31. 上海研究中心. 论上海研究［M］. 上海：复旦大学出版社，1991.
32. 盛小云，孙伊婷. 盛小云访谈录［M］. 上海：上海三联书店，2011.
33. 施谔. 淳祐临安志［M］. 杭州：浙江人民出版社，1983.
34. 苏州历史博物馆，江苏师范学院历史系，南京大学明清史研究室. 明清苏州工商业资料碑刻集［M］，南京：江苏人民出版社，1981.
35. 陶思炎. 中国都市民俗学［M］. 南京：东南大学出版社，2004.
36. 王韬. 瀛壖杂志：六卷［M］. 上海：上海古籍出版社，1989.
37. 王卫平. 明清时期江南城市史研究：以苏州为中心［M］. 北京：人民出版社，1999.
38. 王翔. 中国丝绸史研究［M］. 北京：团结出版社，1990.
39. 王翔. 中国资本主义的历史命运——苏州丝织业“账房”发展史论［M］. 南京：江苏教育出版社，1992.
40. 王晓静. 我国区域与国家的历史文化名城文化政策研究（1982—2012）［M］. 上海：上海交通大学出版社，2019.
41. 吴桂芳. 古代上海述略［M］. 上海：上海教育出版社，1980.
42. 吴仁安. 明清时期上海地区的著姓望族［M］. 上海：上海人民出版社，1997.
43. 萧国亮. 鸦片战争前上海在长江三角洲地区经济联系中的地位和作用［M］//叶显恩. 清代区域社会经济研究. 北京：中华书局，1992.
44. 熊月之，周武. 上海——一座现代化都市的编年史［M］. 上海：上海书店出版社，2007.
45. 熊月之. 上海通史［M］. 上海：上海人民出版社，1999.
46. 杨逸. 海上墨林［M］. 上海：上海古籍出版社，1989.
47. 叶梦珠. 阅世编：十卷［M］. 上海：上海古籍出版社，1981.
48. 叶显恩. 清代区域社会经济研究［M］. 北京：中华书局，1992.
49. 尹继佐. 培育上海城市精神·2004年上海文化发展蓝皮书［M］. 上海：上海社会科学院出版社，2004.
50. 约翰逊. 帝国晚期的江南城市［M］. 成一农，译. 上海：上海人民出版社，2005.
51. 张健. 清代诗学研究［M］. 北京：北京大学出版社，1999.
52. 张新，陈雪虎. 浦东——新上海的一半［M］. 上海：复旦大学出版社，1993.
53. 张英霖. 明末吴中水利全书所载苏州府内水道总图初探［M］//. 曹婉如. 中国古代地图册（明代）. 北京：文物出版社，1995.

54. 张忠民．上海：从开发走向开放（1368—1842）[M]．昆明：云南人民出版社，1990.
55. 张仲谋．清代文化与浙派诗 [M]．北京：东方出版社，1997.
56. 周密．武林旧事：卷三 [M]．北京：中华书局，2007.
57. 周玉波．明代民歌研究 [M]．南京：凤凰出版社，2005.
58. 邹依仁．旧上海人口变迁的研究 [M]．上海：上海人民出版社，1980.

期刊、学位论文

1. [美] 施雅坚著，陈克译．十九世纪中国的区域城市化 [J]．城市史研究，1988（1）.
2. 岑大利．从清代竹枝词看京城文化时尚 [J]．首都师范大学学报（社会科学版），2001（4）104－109.
3. 单霁翔．从"功能城市"走向"文化城市"发展路径辨析 [J]．文艺研究，2007（3）：41－53.
4. 范金民．清前期南京经济略论 [J]．清史研究通讯，1989（4）.
5. 何泉达．吴中水利与滨海盐利——兼论明清两代上海盐业衰颓的原因 [J]．史林，1991（3）：53－58.
6. 李伯重．明清江南农业资源的合理利用 [J]．农业考古，1985：158－171.
7. 李良品．竹枝词源流考 [J]．重庆教育学院学报，2000（04）：50－54.
8. 刘石吉．明清市镇发展与资本主义萌芽——综合讨论与相关著作之评介 [J]．社会科学家，1988（4）：37－45＋54.
9. 刘士林．关于人文城市的几个基本问题 [J]．学术界，2014（5）：32－35.
10. 刘士林．江南城市与诗性文化 [J]．江西社会科学，2007（10）：185－195.
11. 刘士林．文化城市与中国城市发展方式转型及创新 [J]．上海交通大学学报（哲学社会科学版），2010（3）：7－15.
12. 刘士林，王晓静．长三角区域政策发展进程研究 [J]．艺术百家，2011（6）：44－49.
13. 陆文夫．却顾所来径 [J]．江海学刊，1984（3）：97－103.
14. 马学强．明清时期上海地区学风的嬗变 [J]．史林，1998（2）：53－60.
15. 毛良雄．嘉兴接轨上海、融入长三角的发展对策 [J]．嘉兴学院学报，2003，15（S1）：5－9.
16. 皮日庥．城市史研究略论 [J]．历史研究，1992（3）：4－14.
17. 商志醰．春秋时期阖闾都城之宫城考 [J]．苏州大学学报（哲学社会科学版），1992（2）：97－101.
18. 邵文．竹枝词简论 [J]．山东教育学院学报，2005（1）：22－25.
19. 王纯．开埠前上海文化研究 [D]．上海：复旦大学，2000.
20. 王家范．明清史料感知录 [J]．历史教学问题，2004（6）：56－59.
21. 王晓静．国家区域发展规划中的文化政策问题研究 [J]．上海师范大学学报（哲学社会科学版），2011（6）：66－71.
22. 王晓静．从长三角城市群到上海大都市圈的文化政策演进 [J]．中国建设信息化，2017（21）：60－65.
23. 王晓静，谈佳洁．廊下镇智慧村镇建设研究 [J]．探索科学，2015（8）：18－21.
24. 王晓静．都市人的精神家园——诗性想象中的杭州西湖 [J]．南通大学学报（社会科学版)，2012，28 (1)：36 - 39.

25. 王晓静. 竹枝词里的沪地早期风俗民情 [J]. 江南大学学报 (人文社会科学版)，2009，8 (6)：85 - 90.
26. 王晓静. 运河与苏州城市的发展 [J]. 淮阴师范学院学报 (哲学社会科学版)，2008，30 (1)：48 - 50.
27. 王晓静.《上海竹枝词》与大都市的早期社会精神形态 [J]. 河南师范大学学报 (哲学社会科学版)，2006，33 (6)：190 - 192.
28. 王子今. 清人上海竹枝词透露的近代化气息 [J]. 学术季刊，2000 (1)：182 - 191.
29. 熊月之. 上海城市精神论述 [J]. 史林，2003 (5)：1 - 12.
30. 杨雪莲. 论清代江西竹枝词中的社会经济生活 [D]. 南昌：江西师范大学，2004.
31. 赵冈. 中国历史上的城镇与市场 [J]. 食货，1983 (5 - 6)：216 - 231.
32. 赵明. 清代苏州竹枝词 [J]. 苏州大学学报 (哲学社会科学版)，2002 (1)：105 - 110.

索　引

Index

漕帮　10－12
漕运　6－16，100
长三角城市群　67，69－74，76，82，98－100,117，123，127，171
城隍　43，54，55，146，152
城市精神　21，22，44，47，72，92，117
传统村落　86，89，90，107，120－135，139－146，149，151，154－160，163，165－167，171－173，183
传统村落保护模式　139，140，161，165，171，173
传统建筑　133，142，147，151，152，155－159，168，169
发展指数　81，83－86，88，102－104，113，114
非物质文化遗产　71，72，77，82，84，87－89，95，111，130，133，139，141，142，145，156，159，160
江南城市　13，21，29，56，65，121，122
江南乡镇　121，122
江南运河　3－8，10，12－14，16，48－50，56
开埠　18，25，26，28，29，32，35，39，40，44，45，47，112，171
可持续发展　88，121，130
昆曲　53，54
棉纺织业　22－24，26，28，31
民间信仰　42
明清赋税　19
南巡　8，9
评估机制　83
人文城市　69，76，77，79－84，86，88，89，91，93－95，97，100，102－105，107，109，111－114，116－119，125
商业型城市　21
上海大都市圈　69，76，77，79，83，97－100,102－105，107－109，111，115－119
奢靡消费　33，34，36
生活方式　37，44，65，75，89，116，120，122，127，128，131，134，135，140－142，153，156，169－174
苏州会馆　52
苏州园林　53
文化魅力　134
文化乡村建设　134
文化型城市群　75，77，78，99，125
文化遗产保护　77，82，140，141，161，169，170
文化政策　69－74，77，78，118，134
文化转型　29，140，143

文化资源 47，71，72，76，79，81，84，85，88，91，94，106，112，116－120，127，128，135，141，146，162，172，177
文物保护 77，81，82，86，89，90，92，111，130，133，135，141，142，146，147，152，153，158，159，167，169，172
西湖诗词 57
信息化建设 176，179，181，182
行政村 89，121，124，125，128，143，172，174
战略规划 118，131
智慧村镇 174－176，179－181，183
智慧环保 179
智慧旅游 178，181
智慧农业 178
竹枝词 13，17，19－23，25－46

后　记

Postscript

本书是在笔者前期研究基础上积累、集结而成的一部学术专著，部分篇章已经先期发表过，部分内容是团队合作的成果，说明如下：

第一章至第三章是在笔者 2008 年硕士学位论文的基础上改写而成，原题为《从〈竹枝词〉看开埠前上海地区的社会风貌》；

第四章“西湖——半城半郭‘销金锅’”，原名《都市人的精神家园——诗性想象中的杭州西湖》，发表于《南通大学学报（社会科学版）》2012 年第 1 期，收录时有增补；

第五章“江南城市群文化政策演进摭议”，原名《从长三角城市群到上海大都市圈的文化政策演进研究》，发表于《中国建设信息化》2017 年第 21 期；

第九章“我国发达地区智慧村镇建设发展研究报告——以上海市金山区廊下镇为例”，原名《廊下镇智慧村镇建设研究》，发表于《探索科学》2015 年第 8 期，收录时有增补。

此外，书稿第七章、第八章的内容主要是近几年团队重点关注的研究方向，也是依托了住房和城乡建设部研究项目“传统村落文化特征分析与评价研究”（课题编号：建村〔2014〕31 号）和上海市城乡建设和管理委员会调研课题“上海传统村落保护工作研究”等课题开展调研后的成果，笔者全程参与了课题设计与调研，选入本书的这两章是笔者主笔的部分。其中，刘士林教授对研究的总体思路提供了重要指导，马娜、张书成、谈佳洁、孔铎等同学参与了项目研究，付出了辛勤的劳动。另外，严明教授对苏州文化的研究资料给了笔者很多参考，在此一并感谢。